POLITIQUE DES ACTEURS

GARY COOPER
JOHN WAYNE
CARY GRANT
JAMES STEWART

Dans la même collection

James Agee : *Sur le cinéma*
Jacques Aumont : *Du visage au cinéma*
André Bazin : *Le Cinéma français*
de la Libération à la Nouvelle Vague (1945-1958)
Pascal Bonitzer : *Décadrages*
Michel Chion : *La Voix au cinéma*
Le Son au cinéma
La Toile trouée : La parole au cinéma
Fabrice Revault d'Allonnes : *La Lumière au cinéma*
Marc Vernet : *Figures de l'absence*
Dominique Villain : *Le Montage au cinéma*
Le Cadrage au cinéma, l'œil à la caméra
Paul Virilio : *Guerre et cinéma 1* : *Logistique de la perception*
En co-édition avec la Cinémathèque Française :
Dudley Andrew : *André Bazin* (préface de François Truffaut,
annexe de Jean-Charles Tacchella)
Stanley Cavell : *A la recherche du bonheur. Hollywood et la comédie du remariage.*

Collection Essais
Sous la direction de Patrice Rollet

Cahiers du cinéma

Photo de couverture : *The Man Who Shot Liberty Valance* de John Ford
(photo BFI Stills, Posters and Designs).

Photos intérieures : Coll. Cahiers du cinéma.

ISBN : 2-86642-137-X
Diffusion Seuil - 27, rue Jacob - 75006 Paris

LUC MOULLET

POLITIQUE DES ACTEURS

GARY COOPER
JOHN WAYNE
CARY GRANT
JAMES STEWART

Cet ouvrage a été publié avec le concours
du Centre national du livre.

Merci à mes ravitailleurs : Jacques Aumont,
Jean-Claude Biette, Michel Dupuy,
Bernard Eisenschitz, Patrice Rollet,
Nicolas Saada, Noël Simsolo, Serge Toubiana.

Gary Cooper rend visite à John Wayne sur le plateau de *Rio Bravo*.

AVANT-PROPOS

Les acteurs de cinéma sont toujours maudits. Pas seulement les *seconds couteaux*. Mais aussi les plus connus. J'allais même dire surtout les plus connus. En effet, leur réputation tient à deux éléments primordiaux : tout d'abord leur vie privée, c'est-à-dire leurs amours, c'est-à-dire leur mort. S'il fallait trouver un animal qui symbolise les médias (tout comme l'écureuil évoque l'épargne, le lion la MGM. ou l'âne la bêtise), ce serait la hyène : le trépas offre à sa victime une dignité, un sérieux, une éternité qu'elle n'avait pas de son vivant. Le respect devient automatique : on n'ose jamais dire du mal d'un mort, surtout pas tout de suite. On cherche à compenser par l'éloge un manque d'enthousiasme passé parfois imaginaire. On a honte d'être là alors que lui n'est plus. Rien de tel qu'une bonne mort prématurée, accidentelle, dramatique surtout. Valentino, Dean, Monroe... Peut-on imaginer une seule seconde que James Dean aurait atteint la célébrité éternelle et universelle, si le 30 septembre 1955, au lieu de se tuer en bagnole, il avait tout bonnement pris sa retraite ? De toute façon, Marilyn Monroe aurait probablement survécu dans l'esprit des gens, mais son suicide supposé (rien de plus médiatique que cette incertitude entretenue), ses amours supposées avec un président des Etats-Unis (à la mort non moins mystérieuse), et ses mensurations ont beaucoup plus contribué à sa survie que son travail exceptionnel dans *Gentlemen Prefer Blondes* ou *Bus Stop*. Bien sûr, le talent sert, les cas de Dean et de Monroe le prouvent. Mais il ne s'avère pas indispensable : s'il l'avait été, Valentino serait resté dans les oubliettes aux côtés des autres médiocres cabots des twenties.

Le deuxième élément important, c'est le succès commercial. On saisit bien là toute la discrimination qui existe entre les cinéastes et les acteurs : des réalisateurs comme Jean-Marie Straub, Roberto Rossellini ou Samuel Fuller, qui n'ont jamais obtenu un seul vrai succès au box-office, ont fait l'objet d'un certain nombre de monographies. Des cultes se sont créés autour de leur nom et de leur œuvre. S'il n'y avait *La Grande Illusion* et *French Cancan* d'une part, *A bout de souffle* et *Pierrot le fou* de l'autre, on pourrait en dire autant de Renoir et de Godard. Une telle contradiction serait impossible chez les acteurs : si, à la place de Gary Cooper, John Wayne, Cary Grant et James Stewart, j'avais dit à mon éditeur que je préférais écrire un livre sur Dominique Laffin, Denis Lavant, Claude Melki et Jean-François Stevenin, je suis absolument sûr que, tout en restant poli, il m'aurait tiré une gueule longue comme ça – et même encore un peu plus longue – alors que ce deuxième carré d'as n'a probablement rien à envier au premier pour ce qui concerne la qualité du travail.

Bref, ce qui compte dans l'estimation d'un metteur en scène, c'est la valeur artistique de ses films, et ce qui compte essentiellement dans l'estimation d'un comédien, c'est la valeur commerciale des produits où figure son nom.

C'est pourquoi je disais que les grands acteurs de renommée internationale étaient plus maudits que les seconds rôles. L'attirance qu'ils exercent se fonde avant tout, nous l'avons vu, sur de mauvaises raisons. Ce qui fait qu'on peut ranger dans le même sac Gary Cooper avec Valentino ou Peck ou Schwarzenegger... Cette méprise, ce malentendu n'existent pas lorsqu'il s'agit de comparses géniaux comme Jean Abeillé, Walter Brennan, Hume Cronyn, Serge Davri, Mercedes McCambridge, Michael J. Pollard, Kurt Raab ou Dominique Zardi. On ne peut les aimer que pour de bonnes raisons. Et si on ne les aime pas, c'est probablement qu'on ne les connaît pas. Tout le monde ignore la vie sentimentale de Walter Brennan, et les circonstances de sa mort, et c'est tant mieux.

Certes, les médias ont des excuses à faire valoir, de mauvaises excuses je précise.

Tout d'abord, depuis quarante ans, grâce au travail de la critique (un peu ma faute, donc), les réalisateurs ont tiré la couverture à eux, toute la couverture, et les acteurs se sont retrouvés dans de beaux draps. Dans le cas de *Bringing Up Baby*, on ne dit plus, comme autrefois, un film de Cary Grant ou de Katharine Hepburn, mais un film de Howard Hawks. *Room For One More* ne sera donc pas un film de Cary Grant, mais un film de Norman Taurog, en fait timide *yes man* à la merci de Grant. La personnalité, l'emprise de quelques très grands – et très rares – réalisateurs leur ont fait, bien involontairement, gagner la partie, triomphe qui s'est répercuté aussi en faveur d'innombrables petits tâcherons figés derrière la caméra. L'acteur-bétail évoqué par Hitchcock demeure surtout un excellent mot d'esprit. On aurait dû nuancer, accorder plus d'intérêt aux multiples témoignages des réalisateurs qui reconstruisaient entièrement la structure, le scénario et les dialogues de leur prochain film en fonction d'un changement d'interprète. Mais le réalisateur seul maître après Dieu, ou à sa place, c'était un acquis définitif tellement commode, qui servait de base à un jugement hâtif : comme pourrait dire Godard, on appelle ça la presse parce qu'elle est formée de gens très pressés.

Enfin, et surtout, les acteurs ont été desservis par leur abondance. Un interprète ne participe pas au montage d'un film, et collabore pendant très peu de temps à sa préparation, au contraire du réalisateur. Ainsi, James Stewart a pu jouer dans six films en 1939, tandis que ses metteurs en scène Capra et Lubitsch, la même année, n'ont eu le temps que d'en tourner un seul. Il est clair que la carrière d'un acteur, cela représente forcément un bon nombre de déchets, alors qu'un cinéaste peut éviter presque complètement ces ratés. Bien entendu, tous ces travaux alimentaires – qui constituent un excellent entraînement pour le comédien (tout comme la pub aujourd'hui pour le réalisateur, avec l'avantage de l'anonymat) – ne seront pas sans lui nuire à l'heure du bilan.

Un bilan de quatre-vingts films en moyenne pour les stars évoquées ici (Grant, 72 – Wayne, 147) contre environ trente-cinq pour leurs réalisateurs favoris – 24 McCarey, 53 Hitchcock). Il y a là de quoi se perdre. Et les multiples monographies d'acteurs se contenteront d'aligner les synopsis de ces quatre-vingts bandes, leurs génériques y compris le trente-neuvième rôle, avec le nom de son personnage (alors même qu'il n'a aucune scène avec notre star), des extraits de presse, un blanc au bas de chacune des dernières pages consacrées à chacun des quatre-vingts, et le livre est emballé avant que l'auteur commence à écrire. Une petite biographie, beaucoup de redites d'un film à l'autre, de très belles photos, et le tour est joué... La plupart des rédacteurs de ces albums étant américains, ils méprisent – pour ce qui est de nos quatre grands – des films d'auteur admirés par la lointaine Europe, et qui furent des échecs au box-office (*The Fountainhead*, *Good Sam*, *Man of the West*, en ce qui concerne Cooper).

A part quelques intéressantes études comme celle de Stuart M. Kaminsky sur Cooper, aucune analyse dans le détail du jeu, sur un plan ou sur une séquence, aucune étude générale sur le travail de l'acteur. Rien que l'éparpillement.

Il y a pire : dans son *Cooper,* pourtant publié par les très sérieuses et très catholiques Editions du Cerf, Lucienne Escoube[1] consacre un chapitre à ses amours avec Lupe Velez, qui n'a tourné avec lui qu'un seul film, d'intérêt très réduit, et n'évoque jamais *The Fountainhead*, pourtant l'un des sommets de sa carrière.

J'ai donc l'immense plaisir – et la lourde responsabilité – d'œuvrer sur un terrain très peu défriché. Je dirai même presque complètement vierge pour ce qui est de Stewart (lequel, il est vrai, a eu la malchance de n'être pas encore mort le jour où j'écris ces lignes). Idem pour Wayne, Grant s'en tirant un tout petit peu mieux.

Je m'étais fait une promesse : « *Luluc, il ne faut absolument pas écrire le mot* mythe *dans ton bouquin. Même pas une seule fois.* » Dès que j'entends le mot mythe, je sors mon revolver... pour me flinguer si c'est moi qui le prononce. En effet, dans le domaine de la critique cinématographique la référence aux mythes m'a toujours paru constituer l'étalon de la fumisterie. Quels beaux ronds de plume elle permet ! Si l'on me pardonne le jeu de mots, j'aurais voulu être Monsieur Naphtaline. Eh bien, c'est râpé. Des mythes, il sera assez souvent question. Peut-être cet échec est-il dû à mes insuffisances personnelles. A ma décharge, je répondrai qu'il y a fréquemment dans le travail de l'acteur (et avec l'acteur) un jeu sur les mythes qui existe plus rarement dans le travail d'un cinéaste (Bergman ou Renoir, par exemple, y échappent). J'ai découvert qu'il y a parfois, sur le mythe d'un acteur, une étude à faire, en allant au charbon, au moyen d'un travail au corps à corps avec le plan.

Cooper, Wayne, Grant, Stewart... Pourquoi pas Fonda ?

Je trouve qu'il se détache un peu trop du quator. Mes quatre élus, eux, ont consacré toute leur carrière au cinéma, que Fonda, lui, a abandonné durant sept ans en faveur du théâtre. La bande des quatre penche à droite, Fonda pense à gauche. Ce sont des acteurs de films de genre (western, comédie policière), tandis que Fonda est avant tout un acteur de « *drames psychologiques* » comme on dirait dans *Pariscope* (*Jezebel*, *Young Mr. Lincoln*, *The Grapes of Wrath*, *The Fugitive*, *War and Peace*, *Advise and Consent*). A ce titre, il a plus suscité l'intérêt des critiques que ses collègues. Et je ne vois pas grand-chose à écrire sur lui qui n'ait pas été déjà exprimé – l'innocence, toujours l'innocence, ou son contraire – que ce soit sur papier ou sur pellicule (je pense à *A Letter to Jane* de Godard). Et je pose là une question : est-il possible de parler de Henry Fonda sans parler de Jane Fonda ? Ce qui nous amènerait très loin. Par ailleurs, après avoir orienté à ses débuts le travail de son ami Stewart, Fonda, par la suite, l'a un peu trop copié.

---

1. *Gary Cooper, le cavalier de l'Ouest*, Lucienne Escoube, Editions du Cerf, 1965.

Au contraire d'un Bogart, mes quatre acteurs sont tous très grands : cela va d'1 mètre 84 (Grant) à 1 mètre 93 (Wayne) en passant par 1 mètre 89 (Cooper) et 1 mètre 90 (Stewart). On verra que cette caractéristique extérieure est très importante. Ils sont nés dans un bref intervalle de sept ans, au début du siècle. Ils ont eu leur vrai départ dans les années trente. Chacun a travaillé avec Cecil B. DeMille (Grant, c'était lors de nombreuses émissions de radio). Trois d'entre eux ont été utilisés par Hawks, Capra, Sternberg, Preminger, Hathaway, Walsh.

On peut être étonné par leur osmose : Wayne se substituera à Grant dans *The Flying Tigers*, « remake » de *Only Angels Have Wings*. Capra hésita un moment entre Cooper et Stewart, avant de tourner *Mr Smith*. Je me souviens qu'en 1955, *Hatari !* était annoncé dans le *Hollywood Reporter*, non pas avec Wayne, mais avec Cooper sous le titre *Africa*. Avant de se décider en faveur de Wayne, Hawks proposa le scénario de *Red River* à Cooper, et aussi – pour le rôle finalement tenu par John Ireland – à Grant.

Il y a donc toute une série de passerelles entre ces quatre acteurs, qui, nous allons le voir, ont cependant des personnalités et des modes de jeu totalement différents.

Avant d'entrer dans le détail, il n'est pas mauvais de comparer, ne serait-ce que d'une façon très approximative, le comportement de l'être humain dans la vie et le jeu de l'acteur cinématographique.

Je me suis souvent livré à ce rapprochement en observant les gens dans la rue, au café, ou même chez eux. Et j'ai pu constater que la plupart des gens avaient une attitude très réservée. Ils *extériorisent* rarement, ou de temps en temps. Cela dépend bien sûr des individus, de leur nationalité. Il y a des exceptions. Mais la pudeur domine, sauf chez les enfants, et encore jusqu'à un certain âge et quand ils ne sont pas intimidés. J'ai vu ma grand-mère apprendre la mort subite de mon grand-père. Son attitude n'était absolument pas celle que l'on a l'habitude d'observer dans un film en pareil cas : au lieu de l'explosion sur l'écran, la réalité de la vie m'offrait un visage inexpressif, figé. L'explosion, si elle a lieu, se produit après réflexion, des heures, des jours ou des semaines plus tard. En général, sur le coup, les proches des défunts sont plutôt hébétés, surpris. Ils n'y croient pas, ou ne veulent pas y croire.

Lorsque l'on évoque le manque de pudeur de leurs acteurs, les réalisateurs de films traditionnels vous soutiennent que le cinéma, ce n'est pas l'enregistrement de la vie, que c'est de l'art : il faut recréer. Ouais... Mais le plus souvent cette effervescence des comédiens demeure le seul travail de stylisation et de création à l'intérieur de bandes où tout le reste est banalement naturaliste, sans emphase aucune au niveau de l'image, du décor ou du mouvement. N'est pas Ophuls qui veut... et encore moins qui ne veut pas. On aura reconnu notre cinéma français standard, celui du dernier Jean Gabin, ou d'Annie Girardot, entre autres.

Gabin en fait des tonnes dans *Archimède le clochard*, *Les Vieux de la vieille*, ou *L'Age ingrat*. Et ses partenaires l'imitent. Il perd donc jusqu'à la possibilité de devenir ce cas exceptionnel que j'avais évoqué, l'oiseau rare qui, dans la vie, extériorise en permanence.

Annie Girardot, dans *Jambon d'Ardenne,* chez Leo Joannon ou chez Audiard, exprime le maximum de ce qu'elle peut donner, à chaque scène, sans courbe de progression. Ses personnages donnent alors l'impression d'une hypersensibilité très proche de la folie. Mais aucun des individus qui la côtoient ne la ressent comme dingue, non plus que les auteurs du scénario. On en arrive, au-delà du désert formel habituel, à cette étonnante alliance de deux négativités contradictoires : une telle furie n'est en aucune façon reflet de la vie. Et, en même temps, elle n'est en rien une création artistique : imaginez la monotonie d'un concert qui ne serait constitué que de coups de symbales !

A ce qui précède, on pourrait me croire victime d'un tenace préjugé contre le *cabotinage* auquel je préférerais systématiquement l'*effacement*, l'*underplaying* triomphant toujours de l'*overplaying*, puisqu'il s'agit d'acteurs américains. Il n'en est rien : j'éprouve la plus vive admiration pour ces histrions de génie que sont Vittorio Gassman, Goldie Hawn, Emil Jannings, Denis Lavant, Michel Serrault. Mais ce sont des exceptions. Ils travaillent dans un domaine très éloigné du naturalisme, près de la fantasmagorie, grâce à laquelle ils retrouvent paradoxalement une sorte de réalisme second et supérieur.

J'ai peut-être insisté un peu trop longuement, mais je voulais faire valoir l'*underplaying* comme la voie la plus naturelle, la plus normale pour un acteur. Même si l'on constate ce fait, on ne saurait nier, en tout cas, qu'il constitue un principe de travail tout à fait honorable et respectable, et qui n'a rien à envier aux autres modes de jeu.

Pourquoi forme-t-il la base essentielle du cinéma américain, et reste-t-il moins évident à travers le cinéma européen ?

Cela tient très probablement à l'histoire du jeu en Amérique du Nord. N'oublions pas que la première pièce de théâtre américaine qui ait survécu reste *The Emperor Jones*, d'Eugène O'Neill qui date de 1920. Le premier grand film américain, c'est *The Birth of A Nation*, tourné en 1914. Je n'ignore pas qu'il y avait des théâtres à New York et dans les autres villes bien avant 1920. Mais le répertoire était composé essentiellement de pièces d'importation, anglaises surtout. Bref, ce n'est pas très gentil pour David Belasco et ses copains, mais on peut dire qu'il n'y avait pas de tradition théâtrale américaine avant la fin de la Première Guerre Mondiale. Le cinéma américain a donc précédé le théâtre américain. Au départ, il n'y a donc guère eu d'influence du théâtre sur le cinéma. Peut-être fut-ce l'inverse, mais rien ne permet de l'affirmer.

Une situation donc tout à fait originale, et qui était diamétralement opposée à celle des comédiens en Europe.

En France, la déformation du jeu théâtral palliait tout naturellement le handicap de l'éloignement visuel et sonore. Les gestes étaient amplifiés, les murmures devaient être entendus à quarante mètres de la scène. Et bien évidemment, on en vint à des transpositions comparables lorsqu'il fallut pallier un handicap beaucoup plus grave, l'absence du son au cinéma. Et l'exagération des acteurs européens du muet, qui était justifiable jusqu'en 1929, fut reconduite sans excuse valable durant les premières années du parlant. Certes, la réalité n'est pas si schématique : il y avait des cabots yankees dès 1914 – comme Wallace Beery ou John Barrymore – et il y avait des acteurs français simples et discrets, même au temps du muet, comme Charles Vanel et René Lefèvre. Mais je parle là de tendances générales.

Il est curieux de constater que le jeu américain au cinéma est fondé sur la sobriété alors que le cinéma national fut lancé par deux transfuges du théâtre, Griffith et DeMille, lequel fit même venir à Hollywood d'illustres stars de Broadway. A vrai dire, les deux hommes étaient des ratés du théâtre, presque des parias. Dans leurs films, on perçoit leurs origines littéraires, pas tellement par le jeu de leurs acteurs, mais à travers le caractère souvent ampoulé et ridicule de leurs intertitres. Plus que des acteurs – même s'ils avaient joué – c'étaient des auteurs dramatiques, des poètes non publiés, et peu originaux.

On aura la confirmation au début du parlant, lorsque le texte prendra plus d'importance, Griffith et DeMille auront de sérieuses difficultés à se maintenir : *Abraham Lincoln* oscille entre un hiératisme mythologique très original et un verbalisme académique qui l'est beaucoup moins. *The Crusades* demeure du mauvais théâtre, et DeMille ne retrouvera pratiquement jamais au niveau du parlant les splendeurs qu'il avait découvertes au temps du muet.

Il faut aussi tenir compte du fait que le premier cinéma américain était un cinéma d'extérieurs, d'espace, et l'on comprend fort bien que ses acteurs – venus ou non de Broadway – n'aient eu aucune envie, en ces lieux nouveaux, de reproduire une pratique théâtrale souvent peu connue d'eux ou liée à l'évocation d'un art spécifiquement anglais ou européen. Après tout, chez DeMille, les seuls qui cabotinent vraiment, ce sont les *étrangers*, Sessue Hayakawa, Theodore Kosloff et Charles Laughton, lesquels interprètent des rôles de grands méchants. Il y a là un gigantesque amalgame xénophobe entre le Mal, l'Etranger et l'*overplay*.

Des petits malins pourraient certes nier la relation entre la sobriété du jeu et l'absence de passé théâtral, en se fondant sur le cinéma soviétique : le sous-jeu du cinéma russe est assez voisin du sous-jeu américain. On a coutume de dire que les deux grandes puissances mondiales sont aussi celles qui offrent la meilleure qualité d'interprétation. Or, la Russie a une tradition théâtrale très forte... L'argument n'en est pas un : c'est le cinéma *soviétique* qui possède cette qualité. Son refus de l'accentuation de la personnalité et des grimaces – à l'exception de quelques Bondartchouk – se fonde sur le refus catégorique de l'art *tzariste*, et donc du passé théâtral.

Je ne pense pas m'être trop éloigné de mon sujet : le lecteur aura deviné que ces lieux communs sur l'effacement de l'acteur n'avaient d'autre raison que de faire mieux apparaître la liaison entre l'art le plus légitime, le jeu dans le cinéma américain naissant et le travail du plus grand champion de l'*underplay*, Gary Cooper.

L'épopée du profil gauche : Cooper doit toujours avoir le visage le plus marqué possible... (*Sergeant York*, 1941).

GARY COOPER : L'IMMORTALITÉ DU SPHINX

Gary Cooper s'est fait connaître au public, avant tout, *sous l'uniforme* : sur quatre-vingt-deux films, trente le montrent en tenue, depuis l'Opus 5, *Wings* (1927) jusqu'à l'avant-dernier, *The Wreck of the Mary Deare* (1959), et peut-être faudrait-il ajouter à la liste *For Whom the Bell Tolls*, où il est en tenue civile, mais où il fait la guerre. Il représente donc le Droit officiel, conventionnel, quelque peu perverti en fin de carrière, puisque dans la comédie *You're in the Navy Now* (1951) il incarne un gradé affecté à un poste qui ne relève absolument pas de sa compétence, puisque *The Court Martial of Billy Mitchell* (1955) le montre en général paria, critiquant les orientations de l'Armée. Et le capitaine de la Mary Deare, bateau-fantôme qui fait du trafic d'armes et où il est seul à bord, passera lui aussi en jugement, commc Billy Mitchell.

Mais, plus encore qu'une valeur morale, l'uniforme représente un atout visuel : il met en relief l'immense taille de Cooper. Sa minceur en fait presque un mannequin. Toutes les tenues y passent : Terre, Mer, Air, uniformes anciens – dans les westerns – ou exotiques – tenue de légionnaire de l'armée française – ou les deux à la fois (*The Lives of a Bengal Lancer*).

Morocco (1930) n'est pas le premier film où on le voit en légionnaire (il y avait déjà eu *Beau Sabreur* en 1928), mais c'est celui qui a imposé cette image de marque. Sans nul doute, le succès de *Morocco* a incité des producteurs paresseux à faire de lui un militaire à travers *cinq films* consécutifs, de 1931 à 1933.

On peut d'ailleurs dire, en voyant le *Morocco* de Sternberg, que Cooper y est plus une silhouette, une statue, une image, un modèle, un objet, un élément de la plastique générale du film. Il s'apparente à l'homme fort sternbergien, option géant (tout comme plus tard John Wayne), qui alterne avec l'option armoire à glace (Bancroft, Jannings, McLaglen, Beery, Mature), le Mitchum de *Macao* tenant des deux. Prédilection qui expliquerait d'ailleurs l'échec de *Crime and Punishment*, Raskolnikov-Peter Lorre étant évidemment l'antithèse de l'homme sternbergien.

Cet aspect mythique coïncide pleinement avec l'esprit du film. On sent que Sternberg – dans ce film comme dans ses films de la même époque – a accepté et même recherché tous les éléments conventionnels déjà mythifiés – beau légionnaire, femme fatale, amour impossible, vieux séducteur français riche et malin, plus les beautés et les pièges de la mystérieuse Afrique. Ce parti pris lui permettait de bien s'en tirer en toute hypothèse : si le film était raté, ce gros malin de Sternberg pouvait toujours prétendre qu'il était impossible de tirer quelque chose d'un synopsis aussi débile. Si le film était réussi, il pouvait se vanter d'avoir vaincu tous ces obstacles surhumains.

La mythification de Cooper ne se fonde pas seulement sur la plastique – le blanc de son uniforme opposé, comme le blanc lumineux du visage de Dietrich, aux noirs de la nuit, des ruelles et des feuilles des arbres, en des contrastes très violents – elle joue aussi à partir du mouvement, de la conception du dialogue et du rôle des objets et des gestes.

Le mouvement : Cooper bouge très peu. S'il se déplace, c'est au cours de défilés effectués d'un pas identique qui donnent l'impression d'immobilité. Cooper ne peut d'ailleurs bouger avec facilité : il doit se baisser pour passer les portes tellement il est grand. Pour bien faire valoir sa taille, on le montrera presque toujours de pied en cap. Durant la courte bataille contre les rebelles, il semble à peine se déplacer : avec ses jambes immenses, il a besoin de faire beaucoup moins de pas que les autres soldats.

Le dialogue : Cooper parle peu. De petites phrases courtes, prononcées très vite, du bout des lèvres. Il serait un peu trop facile d'attribuer ce style à sa difficulté à retenir les textes, qui aurait freiné le dialoguiste dans ses élans de travail, ou à une volonté de faire passer en douceur Cooper du muet au parlant. Il se trouve que le film était conçu pour Marlene Dietrich. Or, Dietrich débarquait d'Allemagne aux Etats-Unis pour la première fois de sa vie, et elle avait des notions de langue anglaise très restreintes. Il fallait donc qu'elle parle peu, avec un partenaire à son diapason. Et il se peut fort bien que le laconisme de Cooper – sa marque de fabrique durant l'essentiel de sa carrière – soit dû – via le triomphe de *Morocco* – à cette rencontre fortuite. Toujours est-il que, beaucoup plus souvent que les trois autres grands, Gary Cooper sera amené à travailler avec des réalisateurs de la Mittel Europa (Lubitsch, Boleslawski, Wyler, Lang, Curtiz, Zinnemann, De Toth, Preminger, Wilder), et aussi avec d'autres partenaires germaniques – Lilli Palmer, Maria Schell, Emil Jannings (la rencontre dans *Betrayal* entre ce roi du sur-jeu et l'as du sous-jeu s'annonce, sur le papier, très excitante) ou du reste de l'Europe (Lili Damita, Anna Sten, Ingrid Bergman, Signe Hasso, Denise Darcel). Cette réduction du dialogue est particulièrement intéressante dans les scènes sentimentales. Les répliques sont entrecoupées, lors de la naissance des sentiments, par de longs silences gauches avec des maniements d'objets sans raison commandée par l'action, et qui semblent en dire beaucoup sur le désir. Car que pourrait-il bien y avoir d'autre entre ces deux êtres qui se parlent à peine, et restent cependant ensemble, face à face ?

Les objets et les gestes de Cooper sont fétichisés. Ils ne sont jamais liés l'un à l'autre, dans une continuité réaliste, ils sont isolés. Qu'ils soient décrits longuement (par exemple, lorsque Cooper mange une pomme comme un rustre) ou très brièvement (le souffle sur les fleurs, pour faire partir la poussière laissée par le matériel de maquillage), ils se voient, et sont faits pour être remarqués. Il y a des jeux avec les cigarettes, les allumettes, avec un éventail, un verre, un crayon de maquillage, et bien sûr, la fin, qui tend au sublime, pour le seul bénéfice de Dietrich, laquelle abandonne ses *chaussures* dans le désert afin de suivre Cooper. On peut même soutenir que le film est bâti tout entier sur un geste de Cooper : il dit au revoir en faisant tournoyer deux de ses doigts, le tout en une demi-seconde. Lorsque son supérieur meurt au combat, Gary Cooper (parfait surhomme, qui reste invulnérable sans même chercher à se protéger des balles) se contente de lui lancer son bref salut coutumier, que Marlene Dietrich renverra inopinément à Gary Cooper aux dernières images du film.

Il n'empêche que cette mythologie macho reste un peu courte et lassante, avec le poncif du beau légionnaire invincible et toujours couvert de femmes : il y a un plan assez écœurant où Cooper est entouré de trois femmes. Mais je dis peut-être ça parce que je suis jaloux : avant de me connaître, ma femme était amoureuse de Cooper.

Ce lieu commun fait tourner le personnage un peu en rond, freine l'évolution dramatique et aussi notre sympathie pour Gary Cooper-Tom Brown (nom mythique s'il en est).

Dans *A Farewell to Arms* (*L'Adieu aux armes*, 1932), de Frank Borzage, le personnage incarné par Gary Cooper semble un peu distancié, en dehors de la réalité, comme chez Sternberg. Mais nous trouvons là un monde très différent. Il s'agit d'un soldat qui survit à ses graves blessures, qui échappe miraculeusement aux balles en plongeant dans la rivière. Mais, lorsqu'il retrouve sa femme, elle meurt en couches.

Ici, le noir est la teinte privilégiée. Souvent la moitié du visage de Cooper reste dans l'ombre. Dans la scène où le prêtre unit les deux amants, le dialogue tourne autour de la guerre et de la paix, de la vie et de la mort. Et cette contradiction lumineuse entre les deux parties du visage renforce physiquement le tragique de cette dualité : nous avons à la fois un homme qui vit et un homme qui va mourir un jour. L'idée est facile certes, mais elle est exprimée avec une simplicité étonnante et émouvante.

Ou encore on ne voit plus du tout Cooper. Lorsqu'il est blessé, pas de grand spectacle guerrier : on ne perçoit à peu près rien du tir au mortier qui le cloue au sol. Le dialogue avec sa bien-aimée résume d'ailleurs ce parti pris : « *On se rencontre toujours dans l'ombre* ».

Parfois, on voit surtout l'ombre de Cooper, notamment lorsqu'il discute avec l'homme qui lui sert d'entremetteur. Toute la scène qui précède l'intervention chirurgicale est tournée du point de vue du blessé, de Cooper qui regarde les murs, les lumières au plafond, allongé sur son lit ambulant. On l'entend parler – avec un calme qui ne semble pas être celui d'un grand blessé – mais on ne le voit jamais.

Cette obscurité, cette relative absence nous invitent à nous poser certaines questions : le personnage existe-t-il vraiment ? et sous quelle forme ? A-t-il une identité propre différente de la femme qu'il aime ? On peut en douter, puisque c'est lui qui aurait dû mourir au moins par deux fois, et puisque c'est elle qui meurt, à sa place en quelque sorte.

Plus qu'une incarnation des personnages, c'est une évocation des personnages. Ce que filme Borzage, plutôt que des êtres, c'est l'amour fou qui survit au-delà de la mort d'un des partenaires, et qui coïncide avec un certain sentiment religieux. En 1993, tout ça n'est pas très à la mode. Néanmoins, nous sommes très émus.

On retrouve ici, comme souvent chez Borzage, des plans de ciel, ou de ce qui est près du ciel, les nuages, les oiseaux. Les acteurs sont surtout là pour préparer le spectateur à la reconnaissance du sentiment amoureux ou religieux. On comprend donc mieux l'utilité de Gary Cooper en ce domaine : voilà un acteur qui ne fait pas grand-chose. Il sert, en quelque sorte, de passerelle vers l'invisible, l'âme, la métaphysique. Il offre un certain poids de réalité physique, il est vrai, mais tout juste ce qu'il faut pour qu'on comprenne qu'il s'agit des sentiments d'un être humain, pas plus, c'est-à-dire très peu. Le soldat blessé de Sternberg guérissait immédiatement. Pour celui de Borzage, la guérison est plus lente. On sent sa souffrance, mais pas la réalité des blessures. Cooper est très souvent *figé* dans son inconfort, mouillé, blessé, angoissé, la mèche en bataille. Trop de précision réaliste, trop de vivacité nous détournerait de l'essentiel, à savoir l'immortalité des sentiments. On n'est pas tellement loin de Bresson. L'habileté du cinéaste consistera à trouver un tempo spécifique, issu d'un dosage entre la description réaliste et ce qui est au-delà, dosage offert au spectateur à travers un mélange savant de musique, d'objets, de paroles, de bruits (le sifflet lointain du train).

On peut certes soutenir que c'est Borzage seul qui fait tout le boulot. Mais je crois qu'aucun autre acteur n'aurait pu apporter à la fois cette légère présence intelligente et en même temps cette extrême discrétion, l'une et l'autre indispensables à cet exercice sur la corde raide.

Avec *Today We Live* (*Après nous le déluge*, 1933), Howard Hawks prend l'exact contrepied de Borzage comme de Sternberg. Nous sommes en plein matérialisme, même si Cooper ne joue plus avec les objets. Il travaille surtout avec le visage : de brefs coups d'œil à droite ou à gauche en direction des autres lieux, jamais chargés de sous-entendus. Le regard horizontal reste strictement fonctionnel. Le regard vertical, en revanche, œil baissé ou levé, contient une signification plus subjective, appréciation ou dénigrement, accord ou désaccord, signification que l'on retrouve aussi avec le sourire, juste esquissé : un bref mouvement de la joue droite, prolongeant un léger pli d'une partie des lèvres côté droit seulement, comme on le voyait déjà dans *A Farewell To Arms* ou, aux dires de ceux qui connaissent le film, dès *The Virginian* (1929) de Fleming. C'est à peu près toute la panoplie de Cooper : il s'en tiendra là jusqu'à la fin de sa carrière. Sternberg faisait de lui une belle statue, et concevait son travail sur la lumière en fonction de lui (et surtout de Dietrich). Hawks, au contraire, le met toujours *en situation*. L'intrigue du film lui donne sans cesse motif à se déplacer, à agir. Ce sera d'ailleurs la loi du cinéma américain classique. Cooper est un élément inséré dans une histoire. Ici, c'est la rivalité absurde entre l'Aviation et la Marine, entre les Angliches et les Ricains.

Souvent, des plans très courts nous le montrent qui s'habille, qui se déshabille. On jette sur lui des tonnes de pluie, d'eau de mer.

Il doit lutter contre le vent, contre l'instabilité des véhicules militaires de combat. Il parcourt des kilomètres à la recherche de Joan Crawford. Il boit. Il a une cigarette entre les dents. Il ne reste plus de temps pour des échanges (dialogues, regards, baisers) autres que fonctionnels, le contraire de chez Borzage. Le matérialisme de l'américain Cooper (lorsque l'avion est endommagé, il se contente de dire : « *notre aile gauche...* ») contraste avec le côté pompeux, abstrait, hors du temps, et finalement comique des Anglais. Ses décisions, ses paroles sont très précises et rapides. Elles semblent prouver une grande capacité de réflexion devant l'événement : comment peut-il envisager les solutions et comprendre tout ce qui se passe en si peu de temps ? On retrouve ici une constante du cinéma hawksien, où le personnage ne cesse de surprendre son partenaire en devinant ce que l'autre a fait, ce qu'il pense ou ce qu'il va faire. C'est avec Gary Cooper que ce principe marche le mieux : cet homme qui parle très peu, et qui ne manifeste presque jamais ses sentiments, doit avoir un monde intérieur très riche... Cooper est complètement intégré dans la réalité de l'histoire, et, en même temps, on s'attache à lui en raison du mystère qu'il recèle. Il suffit de quelques très rares manifestations d'intelligence, dans le regard, dans les paroles, pour que la totalité de ses apparitions en semblent imprégnées.

C'est le spectateur, plus que Cooper, qui fait le travail, mais c'est Cooper qui déclenche le jeu, tour de passe-passe qu'aucun autre acteur américain n'a réussi, ni même tenté. On dit que le cinéma hollywoodien aliène le spectateur, qu'il lui mâche le boulot, qu'il fait de lui un objet, un débile. Mais, ici, c'est tout le contraire : voilà un cinéma moderne qui invite le spectateur à plus de travail que bien des films progressistes ou intellectuels européens.

Il faut aussi remarquer la façon dont Cooper *sort le texte*, ou plutôt ne le sort pas. Non seulement les phrases sont courtes, mais elles sont prononcées très vite, du bout des lèvres, de façon presque atonale. Juste ce qu'il faut pour être entendu. La bouche est aussitôt refermée. Les moments parlés sont espacés. Cooper a l'air d'effleurer les choses. Il se situe, au visuel comme au vocal, dans une ligne d'expression à la fois volatile et forte – forte parce que volatile – qui est celle-là même de Mizoguchi ou de Mozart.

Parfois, Hawks se permet de faire jouer le laconisme de Cooper contre le principe permanent de la mise en situation. Au début du film, au cours d'une simple promenade en vélo (mal faite : ils ne vont pas à la même vitesse en plan serré et en plan large – on voit bien que Hawks ne connaît rien au vélo), alors que rien ne nous laisse présager ce qui va suivre, Joan Crawford demande à Cooper pourquoi il vient de changer de direction afin de rejoindre la route qu'elle suivait. Et Cooper lui répond : « *Because I love you* », et ça marche tout de suite pour eux deux. On imagine sans peine la longue scène qu'un cinéaste conventionnel aurait fait écrire, de préférence située en fin de film, pour en arriver là. Refus du standard, de la mise en situation, de la vraisemblance. Mais cet effet insolite crée un choc exceptionnel. Il montre aussi la relativité des actions et des sentiments humains – nous sommes en temps de guerre – soulignée par l'air un peu idiot que prend Cooper aussitôt après sa déclaration d'amour.

La même année, Lubitsch donne à Cooper une orientation totalement différente avec *Design for Living* (*Sérénade à trois*). Il est l'un des trois amants de Gilda, qui tourne sans cesse autour d'eux, successivement et même simultanément. Pour faire passer une telle amoralité au travers de la censure américaine, Lubitsch a conçu son film comme une fantaisie irréaliste, une sorte de ballet sans musique. Le jeu de Cooper est donc parfaitement intégré à celui de ses partenaires. Lui, qui est plutôt défini ailleurs comme un individualiste en rupture avec son entourage, se met à marcher sur le quai de la gare, le long du train, de droite à gauche et vice versa, au même pas que ses partenaires Fredric March et Miriam Hopkins, à une vive allure très peu réaliste. Il y aura un peu plus loin une marche semblable, en appartement, avec Hopkins seule, où il est tête baissée – en contradiction avec son image de marque qui le veut droit comme un I – et qui traduit leur hésitation commune face à leur imbroglio sentimental. Cooper est donc un élément d'un groupe d'acteurs, une expérience qu'il ne renouvellera jamais.

Il incarne un impulsif, qui a toujours besoin d'action, qui n'hésite pas à faire le coup de poing, une sorte de « bon sauvage ». Et il est confronté à une situation sentimentale triangulaire, voire quadrangulaire, qui le dépasse et qu'il ne maîtrise pas. Son jeu sera donc axé sur la succession comique d'hésitations et de mouvements très brusques et très rapides, d'autant plus surprenants qu'ils surgissent en début de plan ou que le plan les attrape en cours. Peut-être même que le personnage cherche à vaincre un certain désarroi ou une certaine timidité en marchant vite ou en agissant brusquement. Quel contraste à l'intérieur d'un même plan, où il commence par foncer, puis adopte une position fixe, comme interdit, la langue dans la joue gauche ou la main sur le front. En plus, ces mouvements sont mis en relief par leur rareté même : Cooper reste très souvent immobile. Dans son livre *Gary Cooper, le cavalier de l'Ouest*[1], Lucienne Escoube raconte que, pour les plans du début où Cooper dort, Lubitsch lui avait demandé de dormir pour de bon : « *Gary, souvenez-vous que vous dormez, mais aussi que vous rêvez, des rêves doux, agréables ; laissez paraître leur reflet sur votre* visage. » Et Gary s'était réveillé après le « *Coupez !* ». Bien entendu, ces

1. *Op. cit.*, p. 111.

orientations de jeu sont mises en synchronisme avec des directives adressées aux deux partenaires, complémentaires, parallèles ou opposées.

Dans la plupart des plans, comme dans la vie, Cooper fait environ dix centimètres de plus que March. Mais il y a un moment où, sans aucun alibi réaliste, juste pour faire valoir la rivalité entre les deux hommes, Cooper apparaît plus petit que March, et se dresse sur ses pieds pour être plus grand que lui : tout est figure, stylisation. A la fin, d'un plan à l'autre, les têtes des deux hommes alternent leurs positions derrière le paravent de la chambre nuptiale (le ménage à quatre est donc évident) en contradiction avec toute logique. Lubitsch, qui avait fait une très brillante carrière dans le muet, a dirigé ses acteurs comme si c'était un film muet (bien qu'il soit fort bavard). C'est une véritable *commedia dell'arte*, avec, chez Cooper, beaucoup d'allers et retours contradictoires, de mouvements un peu militaires surprenants dans le vaudeville, de gestes de main, d'attitudes basses. C'est le film où Cooper joue le plus. Il diminuera par la suite cette gamme de jeu classique, mais avouons qu'elle est ici fort brillante. Beaucoup prétendent que Gary Cooper est déplacé dans la comédie parce que c'est un acteur de films d'action. Mais rien n'est plus drôle que ce déplacement, ce contre-emploi. On trouve là une ligne dialectique qui, sous une forme ou une autre, se révèle essentielle aux grandes performances, et évite la redondance des acteurs n'exprimant qu'une seule particularité. Une ligne dialectique, c'est bien ce qui manque aux acteurs contemporains, de Bernard Giraudeau à Jean-Marc Barr.

Lubitsch et Cooper travailleront ensemble sur deux autres films, mais avec des structures de jeu assez différentes. Je considère *Desire* (1936) plus comme un film de son producteur Lubitsch que de son réalisateur Borzage : on est beaucoup plus près de *Design For Living* que de *A Farewell to Arms*, indépendamment d'une évolution évidente du champ d'intervention de l'acteur. Dans *Desire*, Cooper est bien moins actif que dans *Design for Living*. Il ne fait plus partie d'un ensemble, d'un trio parfaitement synchronisé. Le duo qu'il réalise avec Marlene Dietrich est en fait essentiellement marqué par l'individualisme. C'est un duo de découpage, non pas un duo d'acteurs. Pour commencer, suite de scènes axées tantôt sur Cooper, tantôt sur Dietrich. Il y a un parallélisme absolu et ironique entre leurs actions : comment il conduit son auto, comment elle conduit la sienne, etc. L'auto de Dietrich klaxonne sans arrêt. Il répare le klaxon. Elle s'en va sans le remercier. Il refait partir le klaxon, attend qu'elle lui demande de le réparer. Elle s'exécute. Il répare, et ainsi de suite. Voilà qui rappelle un peu *The Battle of the Century* de Laurel et Hardy. Ce n'est que vers la fin du film qu'ils jouent simultanément, et non plus l'un après l'autre, ou l'un contre l'autre : le parallélisme continue quand ils sont au lit. Comme chez Sternberg, le visage de Cooper est écrasé de blanc. Mais, encore une fois, c'est plus un choix destiné à faire valoir Marlene Dietrich.

Cooper joue le rôle d'un Américain un peu benêt qui se fait avoir par une voleuse européenne, première ébauche de personnage naïf juste avant *Mr. Deeds*.

Au début de *Desire*, Cooper dit qu'il n'aime pas les pyjamas. C'est encore le pantalon de pyjama, refusé par Cooper, allergique à cet accessoire, qùi est à la base de la rencontre entre les deux protagonistes de *Bluebeard's Eighth Wife* (*La Huitième Femme de Barbe Bleue*), tourné en 1938 par Lubitsch. Déjà Anna Sten portait le pyjama de Gary dans *Wedding Night* (*Nuit de noces*, 1935) de Vidor...

Dans *Bluebeard*, il n'est plus guère question de parallélismes, sinon de façon très accessoire. Le film est construit sur des directions que Cooper suit de la façon la plus accusée possible. Le milliardaire qu'il incarne, très sûr de lui, se caractérise, entre autres, par sa marche ultra-rapide. Aussi, quand nous voyons un homme, de dos, avancer très rapidement en direction de l'appartement où batifole l'épouse de Cooper avec son amant supposé, nous croyons automatiquement qu'il s'agit de Cooper. Erreur, c'est David Niven, à qui Cooper *prête* son jeu : effet de *contagion*.

Le modèle ici, ce n'est plus Laurel et Hardy, mais Buster Keaton milliardaire. Il essaie d'être totalement impassible. Il circule même en gondole sans jeter un regard sur Venise. Il se fait le visage le plus mince possible. L'esthétique de son jeu demeure toujours celle du cinéma muet. Il y a d'ailleurs un grand nombre de scènes où Lubitsch, comme au début de *Desire*, se fait un devoir de tout exprimer sans paroles. et, quand Cooper parle, c'est d'une façon très cursive et désinvolte d'autant plus insolite qu'il évoque des choses très importantes. Lubitsch joue beaucoup des contradictions. Cet important magnat du système capitaliste lance des onomatopées du type « *Ya... hu... hu* » comme un enfant du Bronx. Et Lubitsch le fait toujours jouer en costume de ville très chic, même sur une plage au milieu des baigneurs en petite tenue...

Par principe, j'éviterai de parler des navets ou des ratés d'un acteur. Je ferai une exception pour *Peter Ibbetson* (1934) parce qu'il est très révélateur – *a contrario* – du champ d'action dans lequel doit évoluer Cooper, et hors duquel il lui est très dangereux de s'éloigner.

Le film était condamné à l'avance : il s'agit d'une histoire d'amour triste où, à la fin, la réalité se distingue mal du rêve du héros, ou de l'auteur : désunis dans la vie, où on les voit mourants, les amants semblent réunis dans un monde difficilement identifiable. Sujet passionnant, mais on l'a refilé à un excellent routier du cinéma américain standard, Henry Hathaway. C'est un peu comme si *L'Annonce faite à Marie* avait été confiée à Raoul Walsh ou à Don Siegel...

On voit bien pourquoi il a été fait appel à Cooper. Idole de l'Amérique, il est celui qui ne meurt jamais, bien qu'il frôle la mort. La survie du sentiment amoureux malgré la mort, c'était déjà le sujet de *Farewell to Arms*. Peut-on d'ailleurs imaginer un meilleur sujet pour Borzage ? L'immortalité, la résurrection, ce seront quelques-uns des motifs de *The Story of Dr. Wassell*, de *Unconquered* (le défilé victorieux des morts, la traversée sans bobo d'une variante du Niagara), de *The Plainsman*, où il est le seul à survivre à la bataille, tout en prenant des risques ahurissants, ces trois derniers films étant tournés sous la direction du grand spécialiste de la réincarnation, Cecil B. DeMille. Et les exploits du soldat de *Morocco* et de *Sergeant York* n'ont rien à envier à ceux du héros de *The Plainsman*. Capra tournera la scène de son suicide (*Meet John Doe*), mais l'exclura de son montage final, Cooper s'arrêtant à l'intention de se tuer. Le « jeune » Burt Lancaster *produit* et interprète *Vera Cruz* aux côtés du « vieux » Gary Cooper, qui tuera son producteur au cours du duel final... En tout, dans sa carrière de star, cinq morts seulement (*Plainsman*, *Beau Geste*, *Pride of the Yankees*, *Ten North Frederick*, et celle, suggérée seulement, de *For Whom the Bell Tolls*).

Le hic, dans l'univers fantasmatique de *Peter Ibbetson*, c'est que Cooper n'est jamais en situation, ne peut pas l'être. Tout au long de ses films, son accès au mythe passe par une certaine dose d'incarnation, et refuse l'onirisme avoué. Dans un plan de plus d'une minute, on reste serré sur lui, seul, proche de la mort. Il murmure alors un long texte poétique et abstrait – avec lequel il est très mal à l'aise en tant qu'acteur – tout en semblant souffrir de ses blessures – *banal réalisme* répétitif accru par la longueur du plan. Puisqu'on ne sait si c'est le rêve ou la réalité, comment pourrait-on participer à sa souffrance ? L'un et l'autre ne cessent de se détruire, et le film avec, surtout que le « rêve » se fait à l'aide d'une photo très léchée, mais sans grande imagination. Chez Borzage, l'*idéalisme* était seulement suggéré, à l'aide d'un *réalisme* discret. Ici, l'échec provient du fait que l'un et l'autre, reflet du maximalisme commercial hollywoodien (pour qui réalisme égale violence) sont outrés, et en plus liés.

Le comte meurt accidentellement d'un coup de feu au cours d'une querelle avec son épouse et avec Cooper, en passe de devenir l'amant de sa femme. Coup d'œil de Cooper à Ann Harding, très bref, qui semble vouloir dire : « *Qu'est-ce qui se passe ? Est-ce qu'il est bien mort ?* » Ce pragmatisme provoque un rire involontaire, alors que l'ambiance est celle de la grande scène du troisième acte...

Cooper va atteindre le rang suprême, national et international, avec *Mr. Deeds Goes To Town* (*L'Extravagant M. Deeds*, 1936), où Frank Capra, comme dans ses films suivants, se fonde sur la matrice – reine du cinéma américain classique : le naïf, l'innocent, qui finit par triompher des grandes combines politiques ou financières, ou, à tout le moins, d'un monde hostile et complexe qu'il ignorait.

Peut-être retrouve-t-on là l'itinéraire de Capra, sicilien émigré à quatre ans en Amérique, encore qu'il se soit très vite tiré d'affaire. On doit en tout cas rapprocher ce thème de ses débuts dans le comique pur, puisque l'ingénu est le personnage clé de la *slapstick comedy,* de Buster Keaton à Harold Lloyd en passant par Chaplin, Raymond Griffith et Harry Langdon, dont Capra dirigea les meilleurs films.

L'ingénu est, soit un provincial perdu dans le monde moderne, représenté généralement par la grande ville (*Mr. Deeds*, *Mr. Smith*, *Sergeant York*, *The Cowboy and the Lady*), soit un intellectuel qui vit dans les nuages (*Bringing Up Baby*, *Vivacious Lady*, *Ball of Fire*), spécialité plus nettement hawksienne, ou bien les deux (Deeds est aussi un poète), soit un marginal au chômage (John Doe), soit l'homme moyen victime de circonstances fortuites (version langienne avec *Fury* et *You Only Live Once*), soit le parfait bon Samaritain (*It's a Wonderful Life*, *Good Sam*), soit un Américain perdu à l'étranger (*Desire*), soit un être sensé égaré au milieu d'une famille de fous (*Arsenic and Old Lace*). Jusqu'au *Wrong Man* de Fonda et Hitchcock qui rentre sous cette étiquette. On peut affirmer que c'est ce schéma qui a suscité le vrai démarrage des carrières de Cooper (*Deeds*), de Stewart (*Smith*) et qui a permis à Cary Grant de trouver son rôle le plus avantageux (*Arsenic*). Tous trois étaient alors dirigés par Capra, que l'on peut donc définir comme le père du cinéma américain parlant. Même le vieux John Wayne sera plus tard promu au rang d'ingénu, d'une façon fort perverse.

On ne voit Cooper-Deeds qu'au bout de cinq minutes de film. C'est le principe de *l'apparition retardée*, fréquente chez Capra, et qui sera souvent reproduite après. Il est certes d'excellente tactique de faire arriver l'un des deux protagonistes pas tout à fait au début, vingt minutes après la présentation de son partenaire. Voilà qui évite de fatiguer le spectateur par l'absorption simultanée de trop de personnages, et qui permet de faire rebondir le film. Mais il n'était pas courant du tout de montrer en différé le héros unique d'un film, et qui plus est, le rôle-titre, la star célèbre. Le succès du cinéma américain était d'ailleurs lié au fait qu'on s'identifiait au protagoniste, qui apparaissait généralement dès le premier plan. L'apparition retardée deviendra un système, exploité avec une audace croissante : Mr. Smith, en 1939, on ne le verra qu'au bout de onze minutes, et John Doe-Cooper, en 1940, ce sera après un quart d'heure. Et, bien entendu, dans chacun de ces films, on parlera beaucoup de cet homme invisible tout au long de la première bobine. Tout le monde salive en attendant... Le record sera pulvérisé en 1949 par Carol Reed avec *The Third Man*, où l'on évoquera tout le temps le troisième homme, Harry Lime-Orson Welles, mais on ne le verra qu'un quart d'heure avant la fin. Quel choc quand on aperçoit enfin cet Harry Lime supposé mort, et que l'on croyait bien ne jamais voir. Le plus vicieux en ce domaine demeure Hawks, qui, au bout de treize minutes, ne nous laisse entrevoir York-Cooper (décidément récidiviste) que de loin. Est-ce bien lui, confiné dans le coin gauche de l'arrière-champ ? Mais non, on ne réserverait pas pareil traitement à la Star. Le spectateur s'interroge, accorde une attention scrupuleuse à chaque plan et à sa profondeur de champ – encore le travail du spectateur. De temps en temps, lentement, la caméra s'approche de Cooper, et la première fois qu'on le verra vraiment de près, on ne sera pas sûr de le reconnaître : il est mal rasé, hirsute, saoul, tout le contraire de son image de marque.

Mr. Deeds, c'est l'héritier inattendu d'une colossale fortune, liée à une fondation à but soi-disant philanthropique, héritier que les membres de la fondation veulent faire interner parce qu'il entend distribuer son argent aux nécessiteux.

On remarque l'extrême sobriété de Cooper. Ses effets de jeu, très réduits, expriment la nature profonde du Deeds normal, tel qu'il vit dans sa campagne : lorsqu'il joue du tuba – ou fait semblant d'en jouer, lorsqu'il bouge un doigt pour souligner son désaccord, ou lorsqu'il passe brièvement sa main à hauteur de ceinture pour dire quelque chose qui pourrait être « *rien à foutre* ». Ces gestes ne sont pas nombreux. En revanche, les gens de la ville multiplient les paroles et les mouvements inutiles : le journaliste Lionel Stander, sosie physique de Capra, agite sans cesse les mains en direction de Cooper lorsqu'il lui apporte le journal où il est qualifié de M. Cendrillon. Deeds, lui, ne fera qu'un seul geste durant la séquence. Au procès, ses détracteurs et le juge accomplissent une grande quantité de gestes gratuits, dessin de gribouillis abscons ou inquiétants, maniement excessif du crayon, que Deeds dénoncera verbalement (et que les autres essaieront ensuite de réprimer d'une façon maladroite et fort amusante). La multiplicité des gestes révèle l'anormalité, et le stress citadin. Leur absence a, au contraire, un caractère positif. Le sous-jeu acquiert de ce fait une valeur morale au contraire du sur-jeu.

Il en est de même pour la parole. Le film de Capra tire sa force d'un paradoxe : après une heure quinze de projection, débute le procès de Deeds. On s'attend à une belle joute oratoire qui mettra en valeur Gary Cooper. Eh bien, c'est tout le contraire... Tout le monde parle pendant une vingtaine de minutes, sauf Deeds qu'on voit à peine, à travers quelques rares plans de coupe, où il est immobile, de profil, avec les juges en arrière-plan. Cette fixité, ce silence, ce calme, cette absence attirent finalement l'attention et la sympathie, non seulement du spectateur, mais aussi des personnes qui participent à l'audience, beaucoup plus qu'une brillante intervention polémique. On a l'impression que cet innocent taciturne va être bouffé tout cru par les spécialistes. On le plaint. Nouvelle forme d'apparition différée, qui fait, que Deeds, dès qu'il parle, a pratiquement cause gagnée.

Capra se permet même, après une heure de film, d'augmenter cet effacement, en laissant, au cours de plans assez longs, Gary Cooper parler de dos ou dans l'obscurité de la nuit ou en contre-jour (dans la scène de la prison), parfois à côté de sa partenaire Jean Arthur, qui, elle, est éclairée. Il fait ainsi mieux resurgir le mythe de l'Américain moyen parfait ou crée un mythe Gary Cooper.

Chez Borzage, l'obscurité permettait de diminuer la réalité physique du corps au profit de l'expression des sentiments. Ici, tout au contraire, c'est le *noir mythifiant* qui valorise le personnage, élevé au rang de symbole.

Dans *Deeds*, comme à son habitude, Cooper se limite à quelques gestes ou mouvements soigneusements répartis, qui nous rassurent en ce qui concerne l'intelligence du personnage, et s'emploie le reste du temps à éviter tout ce qui pourrait contredire cette impression d'intelligence, sans jamais renchérir dessus.

Une interprétation aussi moderne – liée, il est vrai, à un personnage passionnant et à un scénario émouvant – aurait pu déconcerter. Eh bien non. Gary Cooper obtint alors le Prix de la Critique new-yorkaise, qu'il reçut de nouveau trois ans de suite (pour *Sergeant York*, *Pride of the Yankees* et *For Whom the Bell Tolls*) avant d'avoir l'Oscar pour *York* et *High Noon*. Rarement jury se révéla aussi clairvoyant et... audacieux. Car la réussite artistique de Cooper a quelque chose d'immoral, de scandaleux, d'injuste : il atteint la perfection sans grand effort, alors que certains de ses confrères maigrissent de vingt kilos afin de mieux correspondre au rôle ou travaillent un an durant leur personnage et leurs répliques pour ne donner en fin de compte qu'une médiocre hystérie ou une boursouflure soporifique.

Cet art du retrait se confirme à travers *Meet John Doe* (*L'Homme de la rue*), réalisé par le même Capra en 1940 : comme il le fait parfois dans *Deeds* face aux seconds rôles, Cooper se replie souvent derrière un cabotin envahissant, Walter Brennan, son ami bavard et enquiquinant. Brennan agace par sa trop grande présence et rend encore plus intéressant Cooper le taciturne. On comprend donc le pourquoi d'un partenariat aussi fidèle, depuis *The Wedding Night* (1935) jusqu'à *Task Force* (1949) en passant par *The Cowboy and the Lady, The Westerner, Meet John Doe, Sergeant York* et *Pride of the Yankees*, Stewart (*The Far Country, How the West was Won*) et Wayne (*Dakota, Red River, Rio Bravo*) recoururent de même à l'effet Brennan. En récompense, John Wayne alla jusqu'à produire un film dont Brennan était la tête d'affiche (*Good Bye, My Lady*). Et, à ce petit jeu, l'ami Walter ramassa trois Oscars du second rôle en quatre ans – un record jamais battu. Et si le maigre Brennan n'est pas libre, ce sera le gros Tamiroff qui servira de repoussoir à Cooper (*Lives of a Bengal Lancer, The General Died At Dawn, Desire, Northwest Mounted Police, For Whom the Bell Tolls*). Le procédé marche assez bien sur tous ces films, sauf peut-être le *Westerner* et *For Whom the Bell Tolls*, où l'on voit quand même un peu trop longtemps le jeu de nos deux cobayes. C'est à qui perd gagne. Je me suis aperçu de ce genre de renversement à l'occasion de mon film *Anatomie d'un rapport*, où beaucoup de spectateurs préféraient ma partenaire – malgré ses limites évidentes – à moi qui était plus pro et en faisait beaucoup trop.

Pour paraphraser Oliver Goldsmith, je dirai que la devise du bon acteur pourrait être « *he stoops to conquer* » (il s'abaisse pour conquérir), ou, si l'on préfère les Saintes Ecritures, « *les derniers seront les premiers* ». Il doit rechercher un rôle qui le mette en désavantage, notamment par rapport à un autre acteur ou par rapport au spectateur : Gary Cooper (ou Stewart, ou Wayne) est très grand, très beau et très fort. Mais, pour compenser cet avantage, et pour mieux surprendre le spectateur qui le plaindra et souhaitera son retour à la norme, il doit être un peu demeuré, ou en retard sur le plan sentimental, ou avoir un handicap physique (l'invalide de *Pride of the Yankees*). Comme cela, le spectateur moyen sera moins jaloux de sa supériorité extérieure. Le colosse Depardieu n'a jamais été plus impressionnant que dans cette séquence du *Choix des armes* ou le bandit armé qu'il incarne se fait sérieusement rabrouer par une toute petite mémé...

Cette ligne dialectique subtile est typique chez nos grands acteurs américains, qui, avec *fair play*, mais aussi avec rouerie, feront le lit de leur partenaire (Stewart restera parfois inexpressif quand Grace Kelly jouera à plein, ou bien encore il saura se maintenir dans un recoin du champ) et contraste avec le vulgaire égocentrisme improductif de certaines stars européennes comme Gabin ou De Funès qui veilleront à avoir des partenaires un peu incolores (Claude Gensac, Geneviève Grad) ou qu'elles maintiennent en retrait (Michel Galabru, Jean Lefebvre, André Pousse, Robert Dalban).

Le handicap physique (et moral), dans *Meet John Doe*, c'est que Gary Cooper joue le rôle d'un clochard – un clochard qui devient une gloire nationale parce que la presse a fait de lui un homme prétendument acculé au suicide. Il est mal rasé, affamé, déplacé (comme Deeds, mais différemment) dans un milieu citadin aisé : il se regarde les ongles, il parle en mangeant, il fume son cigare à l'envers, il le marque avec ses dents. Comme la journaliste Barbara Stanwyck lui fait jouer un rôle, il le joue avec une maladresse évidente très amusante que le spectateur met au compte de l'adresse de Cooper.

Il y a deux points forts dans le film : alors que l'on pouvait craindre la répétition du système inventé par Capra dans *Mr. Deeds* et *Mr. Smith*, le piège est en partie évité grâce au passage du registre comique du premier film à un niveau dramatique : Gary Cooper-John Doe va-t-il se suicider ?

L'autre concerne la gamme du jeu de Cooper. Jusqu'ici, il était l'homme d'action, qui parlait peu. Dans *John Doe*, il tient une véritable conférence de presse. Certains critiques lui en font fait le reproche : « l'homme de l'ouest » n'avait pas à quitter son registre pour celui du blablabla. Il s'agit là d'un préjugé, d'une étiquette facile, autant qu'injustifiée : si Cooper a tourné vingt westerns, il n'y a dans la liste qu'un chef-d'œuvre, j'y reviendrai plus tard. Le meilleur de son travail est hors western.

A l'avantage de Cooper, la surprise qu'il crée chez le spectateur en parlant beaucoup, le renouvellement inattendu de son personnage. Et puis aussi la qualité de sa diction. Ce n'est certes pas un orateur traditionnel plein de faconde. C'est infiniment mieux que cela. Chaque phrase, prononcée très vite, sans emphase, sans tonalité particulière, porte par la nouveauté du mode de parler, par les silences entre les parties du discours. Il a un côté oracle de Delphes, un côté Sphinx, même quand il parle beaucoup. Il hésite au début : Capra semble même avoir conservé une prise ratée, ou l'hésitation était involontaire. Ça semble si naturel qu'on y croit tout de suite : foin de la rhétorique, qui fait place à une super-rhétorique invisible. Et ce discours est aussi mis en valeur par son opposition à la norme prévisible, qu'il s'agisse du mutisme coopérien habituel, ou, à l'opposé, qu'il parle de base-ball à une vitesse supersonique.

Discrètement anticipé dans la dernière scène de *Deeds*, où il était entrecoupé de plans descriptifs des gestes des membres de l'audience qu'il évoquait, le monologue cooperien sera reproduit, pour notre plus grand plaisir, dans *Sergeant York*, *The Fountainhead*, *The Court Martial of Billy Mitchell* et *The*

Wreck of the Mary Deare, et les diverses scènes de procès qu'on ne manquera pas de lui confier désormais, au cours desquelles il établira sa profession de foi.

Sergeant York (1941) constitue probablement l'exemple le plus audacieux d'utilisation du laconisme et du mystère cooperiens. Puisque son imperturbabilité permet au spectateur de deviner en lui tout un monde intérieur secret, eh bien, il incarnera *en même temps* deux êtres opposés. Et son jeu ne démentira ni l'un, ni l'autre.

On peut écrire, en parodiant la *Lettre de Sibérie* de Chris Marker, que Alvin C. York est l'un des rares citoyens américains qui, liés aux racines les plus profondes du terroir, ont su garder en eux les valeurs les plus nobles issues de la Déclaration d'Indépendance et devenir ainsi un véritable héros de guerre, et on peut aussi dire qu'il a obtenu la Croix de Guerre parce que c'était un idiot de village inconscient du danger, qui tirait sur des Allemands comme sur les dindons de son Tennessee natal. Bref, qu'il faut être un parfait imbécile si l'on veut devenir un héros militaire. Le co-scénariste de *Sergeant York*, John Huston, allait d'ailleurs réaliser neuf ans plus tard un film où il montrait qu'on devient héros parce qu'on a peur : au lieu de fuir en arrière, on fuit en avant. Mais ce *Red Badge of Courage* n'a pas l'ambiguïté ni l'humour du film de Hawks, qui mettait ainsi dans sa poche les censures hollywoodiennes, tout en gardant ses distances et en distribuant ses sarcasmes. Ni chèvre, ni chou, ou plutôt chou et chèvre à la fois. Hawks allait d'ailleurs récidiver dans la perversité du double jeu avec *Gentlemen Prefer Blondes*, lequel permet une double lecture semblable.

A voir les choses de plus près, il est probablement impossible que York soit à la fois un idiot et le champion des valeurs morales de l'Amérique. Pour certains spectateurs, il sera d'ailleurs ou l'un, ou l'autre. Mais le génie de Hawks sera de nous faire accepter cette ambiguïté impossible, de tenir toujours en éveil notre pouvoir de réflexion et d'interrogation. Son York est un être purement cinématographique, et absolument passionnant, mais pas un être humain. On est stupéfait lorsque, après les scènes d'ivresse, de veulerie et de débilité du début (le fameux handicap de départ dont j'ai parlé), au cours d'une longue discussion, empreinte de casuistique, à propos de l'objection de conscience, York dame le pion, avec la virtuosité d'un jésuite, aux spécialistes militaro-religieux. On rit avec York lorsqu'il porte son doigt mouillé sur le devant de son fusil pour perfectionner son tir, ou lorsqu'il imite le cri du dindon afin d'attirer celui-ci dans la ligne de mire. Lorsqu'il répète le même son face aux Allemands, nous commençons à rire, mais notre rire tourne court... Car nous allons voir bientôt de nombreux ennemis abattus avec la même désinvolture. Cooper a un petit geste comique du doigt vers son torse qui signifie : « *J'en ai tué un de plus* ». Ce travail, qui amène la mort, a toutes les apparences d'un ballet comique souligné par l'usage du plan général : Cooper, plus intégré que jamais au film malgré sa qualité de star unique ayant le rôle-titre, n'est vu que rarement en plan rapproché au cours du combat. Le romantisme de la conversion, avec York sur son rocher pendant l'orage, est à la fois la glorification du chromo et sa dérision. Le coup d'œil inquiet de Cooper lorsque le Maréchal Foch l'embrasse ouvre la voie à une question insolite : Foch était-il *gay* ? Bien entendu, le jeu traditionnel est toujours limité à quelques mouvements et gestes – dont le *slow burn* du fusil humecté – afin de préserver le *mystère* de York.

Dans la foulée, Hawks tourne *Ball of Fire* (*Boule de feu*), où Cooper reste aussi imperturbable que dans *Bluebeard's Eighth Wife*. On peut comparer les deux comédies. Elles ont été écrites par les mêmes scénaristes, Charles Brackett et Billy Wilder, qui eurent l'idée originale de situer pour la première fois Gary Cooper, l'homme du peuple, dans de très hautes sphères. Cette impassibilité si drôle correspond à la distance du milliardaire de *Bluebeard*, parfait robot capitaliste, par rapport au reste du monde. Dans *Ball of Fire*, elle correspond à la distance du savant coupé des réalités terrestres. La notion d'innocence qui caractérisait des films comme *Desire* ou *Deeds* ou *John Doe* était complétée par celle de marginalité, une marginalité qui justifiait l'étrangeté et l'impassibilité d'un homme confronté à un monde qui n'était pas le sien. Cette marginalité, qui se situait, selon le sens le plus traditionnel du mot, « *en-dessous* » de la classe moyenne, avec le pré-hippy qu'est Deeds, le clochard John Doe ou York, l'idiot du village, évolue maintenant très « *au-dessus* » (*Bluebeard*, *Ball of Fire* et plus tard *The Fountainhead*). Deux marginalités apparemment très contraires – le savant, le docteur ou l'architecte d'une part, le refoulé de la société de l'autre (il sera quaker dans *The Friendly Persuasion*, après avoir été deserteur dans *A Farewell to Arms*), mais qui se rejoignent au bout du compte, et se confondent même parfois (le grand général paria Billy Mitchell, le parcours de Deeds, Doe ou York du très bas vers le très haut) . vanité de la gloire comme du mépris des tiers. Du Capitole à la Roche Tarpéienne...

Le savant de *Ball of Fire* enquête dans les « *bas fonds* » afin d'enrichir l'article « *slang* » (argot) de son encyclopédie. Il se tient toujours très droit. Et, comme il a la taille d'un Gary Cooper, cela souligne sa grandeur et sa différence. Hawks, qui réintroduit volontiers le cinéma dans le cinéma (cf. le « *Pas encore, Cary* » répété deux fois à l'attention de Cary Grant, juste avant le générique de la démonstration qu'est *Monkey Business*) n'hésite pas à mettre dans le champ de la caméra, pour la scène du baiser, les cubes – dont on se sert afin de rehausser les actrices au niveau de Cooper dans les plans serrés. Quant elle veut se faire embrasser, Barbara Stanwyck amène les cubes. En revanche, l'écart de taille est toujours maintenu, voire accusé, avec les sept professeurs « *nains* » qui entourent Cooper-Blanche Neige.

Car *Ball of Fire* joue exprès contre l'image de marque de Cooper sur deux plans : cet acteur qui est la coqueluche des femmes, et en avait huit dans *Bluebeard*, comme il se doit, joue le rôle d'un savant plongé dans ses bouquins, qui lit même en marchant, qui est resté puceau à quarante ans, et recule chaque fois qu'une femme s'approche.

Et, paradoxe non moins savoureux, ce champion du film d'action, essaie de boxer en suivant les vieilles règles du noble art 1900, et se fait mettre K.O. à tous les coups, revêtu d'un splendide haut de forme. Nous avons ici la preuve par neuf du génie de Cooper : Danny Kaye, dans le remake *A Song is Born*, tourné par le même Hawks, jouera beaucoup plus, mais ne lui arrivera pas à la cheville.

Comme *Peter Ibbetson*, les films signés Sam Wood constituent un bon modèle de ce qu'il ne faut pas faire. Voyez la première apparition de Cooper dans *Saratoga Trunk* (*L'Intrigante de Saratoga*, 1943) au terme d'un pano qui le découvre sur notre gauche dans toute sa grandeur. Le plan suivant part de ses pieds et remonte jusqu'à sa tête. Wood reprend plusieurs fois de suite le même principe, l'agrémentant de contre-plongées et comparaisons permanentes avec un vrai nain. Tout ce que le film nous dit sur Cooper, sans humour aucun, c'est qu'il est grand, et il nous le redit cent fois de suite : à la centième, je suis parti...

Un autre Wood, *For Whom the Bell Tolls* (*Pour qui sonne le glas*, 1942), souffre d'un problème de base. L'essentiel de l'intérêt est centré, non sur Robert Jordan (qu'incarne Cooper), l'Américain qui attend le moment propice pour effectuer son dynamitage, mais sur les problèmes internes au petit groupe de guerilleros espagnols anti-franquistes, interprétés, avec accents divers, et en anglais, par quatre Russes, un Allemand, une Grecque, une Suédoise et un Mexicain du Sud, et qui bénéficient tous, si l'on peut dire, de l'effet-Tamiroff : ce qui signifie qu'ils apparaissent comme de petits rigolos insupportables, et, à les voir, on comprend bien pourquoi Franco a gagné haut la main... Cooper passe son temps à les observer. Wood le cantonne pendant presque tout le film sur l'*extrême droite* du cadre, bien dressé, sa tête délimitant le haut de l'image, et les autres meublant le reste, avec plus d'air au-dessus d'eux – différence de taille oblige. Pourquoi toujours à droite ? Parce que ça permet de montrer le profil gauche de Cooper, et son sillon sous la joue gauche, qui le rend plus sérieux, plus âgé, lui donne beaucoup de caractère : c'est que le professeur Jordan est un homme sérieux. Mais c'est fait avec un tel systématisme que le principal suspense du film, ce n'est pas : Jordan va-t-il pouvoir dynamiter le pont sans y laisser sa peau ? mais bien : quand va-t-on enfin voir le profil droit de Gary Cooper ? Il y a un plan où Wood nous le montre, et paf !, Cooper se retourne sur lui-même pour faire voir pendant trente secondes son sillon favori...

Il est probable que Wood agissait sur ordre de Cooper, sinon on comprendrait mal qu'ils aient travaillé ensemble quatre fois de suite. Tout cela prouve que de grands acteurs comme Cooper ont besoin d'un metteur en scène qui les oriente, qui discute avec eux, plutôt que d'un *yes man*.

Le plus intéressant dans ce film, pour ce qui concerne Cooper, se situe dans les plans de mouvement : ses très grandes enjambées lui permettent de venir au secours d'Ingrid Bergman qui trébuche, d'arrêter un cheval, d'accomplir quelques mètres avec rapidité, une désinvolture, une stylisation impressionnantes, presque surhumaines.

Cloak and Dagger (*Cape et Poignard*, 1946), film d'espionnage dirigé par Fritz Lang, constitue une expérience quelque peu insolite. Cooper *joue* beaucoup plus que d'habitude. Dans une scène, au tout début, il met les deux mains devant lui, en éventail, l'une contre l'autre, il tape sur la table, il lève le doigt, il fume, il fume, il jette sa cigarette, il plisse la lèvre, il lance des coups d'œil rapides, il met la main devant la bouche, il se pince le nez. Bien sûr, cela traduit le désarroi du grand savant Cooper devant la proposition de devenir espion que lui fait son ami. Mais on retrouve la même fièvre à la scène suivante (lorsqu'il soumet à un chantage l'espionne allemande) où ce désarroi n'existe plus pour lui. On devrait plutôt le trouver chez son interlocutrice. Il s'agit donc d'un principe général de direction d'acteur. Cooper va même jusqu'à jouer avec une pièce de monnaie – la fameuse pièce de monnaie du cinéma américain, issue de *Scarface* – signifiant ainsi à la dame qu'elle joue sa vie à pile ou face.

Lang a voulu faire travailler Cooper comme un acteur normal. Un peu comme un autre Germanique, Lubitsch, dans *Design For Living*. Dans leur première rencontre avec Cooper, ces deux étrangers n'avaient pas encore vraiment accepté le principe de la *présence*, typiquement américain, et le travail cooperien sur son propre mythe. Ça avait très bien marché avec Lubitsch. Mais le résultat est moins évident chez Lang : cette gesticulation forcenée est intéressante, certes, mais elle reste un peu scolaire. Cooper y perd ce qui faisait sa spécificité. Il joue un peu comme jouerait Stewart. Et nettement moins bien. On ne trouve plus cette expressivité après une demi-heure de film. Cooper redevient alors ce qu'il est d'ordinaire : une effigie, une silhouette.

Peut-être ce changement de style de jeu est-il lié aux querelles très vives entre Lang et sa vedette. On peut supposer que les deux scènes en question ont été filmées en début de tournage, et que Lang, après, a cédé ou est revenu sur sa conception première. On remarque, tout au plus, sur la suite du film, la volonté de compromettre Cooper physiquement : les bagarres sont très violentes. Cooper étrangle un fasciste qui lui griffe le visage. Une expérience un peu bancale donc, comme le projet lui-même : un film d'action qui vire à mi-parcours vers le film sentimental.

En revanche, King Vidor, dans *The Fountainhead* (*Le Rebelle*, 1948), travaille essentiellement sur le mythe. Howard Roark est un architecte génial qui, malgré l'opposition et la haine des commanditaires et des critiques, réussit à surmonter les années de dèche *sans jamais faire un seul faux pas*, et triomphe finalement sur toute la ligne. Il est même acquitté après avoir organisé le dynamitage (encore un, après *For Whom the Bell Tolls* !) de l'immeuble qu'il avait dessiné – sous un prête-nom – et dont les plans n'avaient pas été complètement respectés. Devant ses juges, Roark – une sorte de sosie de Frank Lloyd Wright – prononce le même credo artistique qu'un autre architecte, Peter Ibbetson. On devine qu'avec *The Fountainhead*, Cooper a voulu réussir ce qu'il avait raté dans le film d'Hathaway. Déjà, dans *A Farewell to Arms*, Helen Hayes lui disait « *Tu seras un grand architecte* », et il déployait sa science du dessin dès *Design for Living*.

Là encore, il est bien difficile de séparer l'acteur du personnage, au charisme si fascinant, et de les détacher du contexte. *Fountainhead* est un film d'artifices, avec des éclairages para-expressionnistes, entièrement justifiés dans cette biographie d'architecte, une musique de Max Steiner permanente et tonitruante, des comportements démentiels et des coups de théâtre abrupts : en dix secondes de film, des fiançailles se rompent, un homme apparemment calme se suicide, une femme décide de se marier, le tout culminant avec l'interminable ascension finale en monte-charge de la femme amoureuse vers le centième étage et Cooper, en contre-plongée, jambes écartées, en silhouette devant le ciel... Déjà, il y avait le baiser de Cooper et d'Anna Sten sur une échelle à trois mètres du sol dans un précédent Vidor, *The Wedding Night* : le géant Cooper incite à monter très haut...

A la lecture, on pourrait certes sourire de ces coups de délire wagnéro-nietzschéens dont je n'ai décrit que le centième. Mais il s'agit peut-être là du film le plus fou de l'histoire du cinéma. L'harmonie et la convergence de toutes les possibilités d'expression pour aboutir à ce momument très particulier imposent la notion de chef-d'œuvre du mélo flamboyant, grâce à l'émotion qu'il procure.

Cooper est donc au-delà de l'humain, une sorte de Superman de l'intellect. Certes, après avoir gagné son procès, Howard Roark manifeste la gêne qui caractérise la modestie (comme le citoyen Cooper était embarrassé lorsqu'il devait signer les autographes sollicités par ses fans), il reconnaît avoir failli céder à la tentation de la compromission. Mais il ne plie jamais. Cette invincibilité, et cette assurance diminuent un peu la force du film : c'est trop beau pour être vrai. La faiblesse de ses opposants diminuent la valeur de son triomphe. Ils sont tous par trop négatifs en eux-mêmes, secrètement persuadés du génie de Roark, alors que les détracteurs de Wright, comme de Picasso ou de Godard, étaient sûrs de leur bon droit. Mais le simplisme hollywoodien n'admet qu'une vérité universelle en matière d'art...

Ces caractères aussi tranchés, ces excès ont cependant un avantage : ils donnent au film un caractère magique. On voudrait s'identifier à Roark, surtout quand on exerce une activité voisine de la sienne, cinéaste par exemple. On peut d'ailleurs expliquer *The Fountainhead* par les difficultés qu'avait connues son réalisateur Vidor avec les producteurs de ses deux précédentes œuvres, *An American Romance* et surtout *Duel in the Sun*, dont il avait quitté le plateau en fin de tournage.

Etrange film contre le système hollywoodien, puisqu'il se fonde sur la défense du « *final cut* » honni des producteurs, mais dont l'art repose sur l'exacerbation la plus fascinante de l'artifice hollywoodien...

Ici, le pouvoir de Cooper provient du fait qu'on le voit peu : il est souvent de dos, perdu dans un plan large, dans l'ombre. Sa première apparition n'est pas différée, comme dans de nombreux films précédents (il intervient dès le début du film), mais elle est, disons, incertaine, diffuse : ce n'est qu'au bout de trois minutes quarante qu'on le voit de près. Il joue encore sur la minceur des dialogues, très sibyllins. Howard Roark passe son temps à dire « *yes* » ou « *no* », « *never* », « *why not* », « *I do* », « *I'll do it* », ou à ressortir son refrain insolent « *Yes, Miss Francon* », adressé à la femme qui tombe amoureuse de lui. Ce laconisme fera que son long discours final, au procès, qui se termine par la célèbre formule « *I designed Courtland, I made it possible, I destroyed it* », *veni vidi vici* modernisé, prendra une force tout à fait exceptionnelle.

Mais ce procès n'est absolument pas traité comme dans *Deeds* : Cooper parle tout de suite, et son discours continue sur une trentaine de plans, la moitié avec Cooper dans le champ, l'autre moitié sur les participants au procès. Cette structure a probablement été rendue nécessaire par la difficulté de Cooper à retenir un texte long de cinq minutes. Mais elle est tout à fait dans la ligne du film, axé, nous l'avons vu, autour d'une absence relative de Cooper. Elle établit nettement la différence avec Capra, qui semble pourtant être la référence principale du film : en dehors du procès de l'homme seul, qui triomphe contre tout le monde, on trouve, ici aussi, l'évocation constante, à l'intérieur du drame personnel, de la presse, des gros titres des journaux diffusés dans la rue, et des réactions de la foule, comme dans *Deeds* ou *John Doe*.

Après, la fin de carrière de Cooper suit une ligne quelque peu régressive. Certes, il reste égal à lui-même, mais à part *Vera Cruz* et *Billy Mitchell*, la plupart de ses films sont médiocres ou décevants. Il est vrai qu'il a dû refuser plusieurs projets importants (dont *Hatari !* de Hawks) pour raisons de santé : son immense taille le rendait fragile. Cascadeur jusqu'à vingt-cinq ans, il avait subi de nombreuses chutes qui l'handicapèrent par la suite. Le roi des cow-boys a toujours été en fait un homme malade.

Autre raison de ce fléchissement : il devient son propre producteur, comme Wayne et Grant. Aucun des trois ne sut bien choisir ses sujets non plus que ses réalisateurs : Anderson, Wood, Hathaway pour Cooper, McLaglen pour Wayne (et Stewart) étaient surtout des sbires. Les grands cinéastes préféraient produire eux-mêmes ou éviter les productions contrôlées par leur star, qui prenait alors par trop l'avantage. Wayne a tourné quinze Ford, mais aucun pour sa propre firme, la Batjac. Souvent, les vedettes s'orientaient vers des projets faciles à boucler, réalisés pas très loin de leur domicile, sans risque financier et sans prouesse de jeu particulière. Finalement, celui qui s'en est le mieux tiré des quatre grands, puisqu'il a réussi à jouer dans des films de qualité jusqu'à soixante-dix ans, c'est James Stewart, précisément parce qu'il a eu la chance de n'être jamais devenu producteur. Prenons les cinq derniers Gary Cooper : le seul qui présente de l'intérêt, c'est bien sûr le seul qu'il n'ait pas produit, *Man of the West* (*L'Homme de l'Ouest*), tourné en 1958 par Anthony Mann.

Première image : on voit à gauche, sur l'écran Cinémascope, le générique en rouge : « *Gary Cooper – Man of the West* », et, à droite, en silhouette, sur son cheval immobile, Cooper lui-même. Difficile d'imaginer introduction plus directe : en dix secondes, on connaît les bases du film. Nous sommes donc en plein mythe, celui du western, celui de l'Ouest, avec ville-fantôme, tous voués à la disparition. C'est rendu encore plus évident par la présence du noir (beaucoup plus impressionnant en couleur qu'en bichrome), qui occupe une grande part de l'image, ou alors c'est le visage de Cooper qui est dans l'ombre. Ce genre de mythification a toujours été très fréquente dans les westerns, qui sont tournés pour partie en extérieurs, et qui doivent donc logiquement, dans un contre-champ sur deux, être soumis au contre-jour obscurcissant les traits des personnages. La mythification est donc, avant tout, une façon de récupérer une obligation technique.

A vrai dire, *Man of the West*, comme dans une moindre mesure *High Noon* (*Le Train sifflera trois fois*) de Fred Zinnemann, offre à la fois une somme d'éléments mythiques traditionnels – l'obscurité, le western, Gary Cooper, le cavalier solitaire, excellent tireur, le mutisme du héros (face à Arthur O'Connell volubile), son innocence (il n'a jamais vu de locomotive, il recule à son arrivée) et une somme d'éléments contre le mythe : il y a un très long strip-tease, tout à fait inédit dans le western, assez odieux et pas du tout érotique, auquel Cooper, bien que choqué, n'essaie même pas de mettre fin. Les bagarres à poings nus, avec cet acteur fatigué presque sexagénaire, sont rudes, maladroites et brutales à la fois, très longues aussi. Beaucoup de terre, de boue sale. C'est un western très existentiel. Une musique omniprésente donne une impression d'angoisse, de mystère, de nostalgie, et de romantisme inconnue dans le genre. Le contre-mythe y est donc beaucoup plus prenant que dans *High Noon* car il s'appuie ici sur toute une création formelle originale tandis que, dans le film de Zinnemann, il se fondait paresseusement sur le seul scénario – le parfait shérif qui ne trouve aucune aide dans sa ville face aux tueurs et jette son étoile par terre à la fin – étayé seulement par des figures formelles ultra-classiques (« *matchages* » avec des plans d'horloge, de rails, pour créer le suspense) qui démontent complètement la « *nouveauté* » du propos.

Chef-d'œuvre fondé sur la décadence d'un genre, dernier grand western d'Anthony Mann, à la fois dernier et seul chef-d'œuvre du western tourné par Gary Cooper (qui en a pourtant fait beaucoup, mais n'en a vraiment tourné que trois d'intéressants, les trois DeMille), *Man of the West* peut difficilement être imaginé sans Gary Cooper, et pourtant, il n'y fait pas grand-chose. C'est celui de ses films qui assure le mieux la liaison avec les continuateurs de Cooper, Clint Eastwood, dont (dans les westerns) on voit à peine le visage – chapeau et contre-jour aidant, et surtout Robert Mitchum, dont la géniale impassibilité, poussée à son comble, a valeur de provocation.

Le co-scénariste de *Bluebeard's Eighth Wife*, Billy Wilder, réalise vingt ans après une suite au film de Lubitsch : en effet, dans *Love in the Afternoon*, (*Ariane, 1956*), Cooper incarne toujours un milliardaire affairiste couvert de femmes, et encore plus victime de la solitude des riches (thème aussi de son *Sunset Boulevard*). Surtout au début, Cooper est souvent vu dans l'ombre, non pas tant pour être mythifié que pour masquer la différence d'âge – trente ans – avec sa tendre amie Audrey Hepburn.

Curieuse comédie d'absence et de distance, où l'on ne sait pas trop ce qu'ils fabriquent ensemble (Dame Censure veille), où l'on ne voit pas trop le visage de Cooper, et où, par voie de conséquence, la photo – en noir et blanc – reste sombre, hyper-tramée, évocation distante et évanescente. Ce vieux viveur ridé semble baiser par habitude et par désœuvrement. Le flegme de Cooper donne l'impression qu'il n'y prend pas tellement de plaisir. Il y a un côté « *J'ai eu toutes les femmes et la chair est triste* » tout à fait surprenant, qui n'était peut-être pas voulu par Wilder, mais qui provient essentiellement du non-jeu de Cooper. Le côté ringard des effets répétés (les quatre musiciens qu'on retrouve toujours avec le héros) accroît le caractère lugubre de l'entreprise.

Une comédie qui n'est pas moins sépulcrale que le testamentaire *Man of the West*.

L'impassibilité, naturelle au début de carrière est devenue un système, totalement assumé par l'acteur, et très fécond.

Objet plastique ou prétexte à la mise en valeur d'objets (*Morocco*), passerelle vers l'invisible (*A Farewell to Arms*), ou encore acteur behaviouriste toujours en situation (*Today We Alive*), membre d'un chœur (*Design For Living*), représentation humoristique de l'Amérique Profonde (*Deeds*), élément d'une stylisation (*Bluebeard*), discoureur convaincant (*Meet John Doe*), incarnation ambiguë d'une dualité impossible (*Sergeant York*), mise en boîte des intellos (*Ball of Fire*), idéalisation du génie (*The Fountainhead*), négation du *pied* (*Love in the Afternoon*), mythification absolue (*Man of the West*), marginal ou médecin héroïque, idiot de village ou grand créateur : voilà quelques-unes des facettes très diverses de Gary Cooper. Un acteur caméléon, ou plutôt une sorte de Stradivarius, ballotté d'un réalisateur à l'autre, d'une esthétique à l'autre. On s'aperçoit alors que la réserve, l'impassibilité, l'*underplay* offrent infiniment plus de possibilités que le jeu extraverti traditionnel. Il y a, chez Cooper, un peu de l'effet-Koulechov. Mais un effet qui fonctionne sur plus de trente ans et qu'aucun autre acteur n'a su mieux utiliser. Comme il ne fait rien, il peut tout faire, et il a tout fait.

Est-ce l'acteur ou le personnage qui se livre à ce jeu si voyant ?
(*Meet John Doe*, 1940).

Les premières années : déjà des marques sur le visage et le corps. (*Wolf Song*, 1929)

L'uniforme et toute la gamme des blancs. (*Morocco*, 1930)

L'art de la symétrie, et le travail en groupe. (*Design for Living*, 1933)

Après le triomphe de Gable dans *New York-Miami*,
tout le monde s'essaie à la moustache, même Cooper. (*Three Lives of a Bengal Lancer*, 1935)

L'influence de Keaton.
(*Mr. Deeds Goes to Town*, 1936).

Face à Walter Brennan, le parfait faire-valoir.
(*The Westerner*, 1940).

avant dans *Fort Apache*. Pourquoi ce changement ? C'est probablement le succès considérable de *Red River*, tourné avant *Fort Apache*, mais sorti après, qui a suscité la nouvelle orientation de Ford.

Vanité des vanités : Wayne, dans *Fort Apache*, incarne le véritable héros militaire, mais il laissera volontairement toute la gloire au méchant Fonda qui vient de mourir dans un combat stupide, et ce, afin de sauver l'honneur de l'armée et de préserver la légende, thématique qui sera reprise, quinze ans plus tard, dans *The Man Who Shot Liberty Valance*, James Stewart remplaçant son ami Henry Fonda. L'image que donne Wayne au spectateur est celle d'un homme qui a peur de la gloire et des médailles, qui veut se reconnaître seulement dans sa propre estime ou dans le résultat positif de ses entreprises. Ford avait d'ailleurs bien raison de se méfier des honneurs, lui qui n'obtint qu'une fois l'Oscar du meilleur film, et pour le médiocre *How Green Was My Valley*. Cette image n'est peut-être pas exempte (voyez *Liberty Valance*) d'un certain masochisme, un tantinet chrétien. En s'abaissant lui-même, en restant dans l'ombre, le personnage waynien est sûr de ne pas avoir été corrompu par le désir de se faire valoir, de ne pas s'être propulsé au-delà de la modestie qui convient à tout être humain. Nous sommes très très loin du John Wayne tel que le voient les gamins...

Le vieil homme pense surtout à ce qui restera de lui, c'est-à-dire ses enfants, un fils, un héritier. Comme l'on annonce dans les nécrologies américaines : « *He is survived by his son* » : il survit à travers son fils. C'est le sens de *Red River*, avec Clift, le fils adoptif, ce sera celui de *The Three Godfathers* (1948), avec le bébé sauvé du désert, de *Rio Grande* (1950), de *The Green Berets* (1967) où il adopte un gamin vietnamien, et même, en sourdine, de *The Searchers*, puisqu'il s'agit de la recherche de sa nièce par un homme sans enfant et qui était plus ou moins amoureux de la mère de celle qu'il recherche.

The Quiet Man (*L'Homme tranquille*), filmé par Ford en 1951, semble rompre avec la notion de vieillesse, car Wayne y incarne un homme de trente-cinq ans environ, et en pleine forme. Mais il ne faut pas s'arrêter là. Il y a une ressemblance profonde avec le capitaine de *She Wore a Yellow Ribbon* : les protagonistes de chacun des deux films prennent leur retraite, ou viennent de la prendre, comme d'ailleurs le Wayne de *The Searchers*, qui abandonne l'Armée au lendemain de la Guerre de Sécession, ou celui de *The Wings of Eagles*, et nombre de héros des derniers Ford (*The Long Gray Line*, *The Last Hurrah*, *Liberty Valance*). La différence, c'est que l'homme tranquille, étant boxeur, prend sa retraite bien plus tôt que les autres travailleurs, surtout qu'il s'agit d'une retraite prématurée due à un drame : la mort de l'adversaire sur le ring. Ce qui nous amène à un autre point commun : la volonté d'éviter la bataille. Wayne est un super-costaud d'un mètre quatre-vingt-treize, un champion de boxe. Mais il refuse de se servir de ses poings meurtriers, tout au moins dans les deux premières heures du film. Il y a là une dialectique très féconde : le superman affaibli parce qu'il ne veut pas se servir de sa force. Toujours « *he stoops to conquer* ». A côté de ce John Wayne ambigu, la force physique d'un Schwarzenegger ou d'un Van Damme apparaît vite monotone, répétitive et tautologique. L'épouse de l'homme tranquille le méprise : elle le prend pour un couard qui a peur de se battre avec son voleur de frère.

Elle va même jusqu'à le quitter. Retour final à la force, avec notamment le plan où Wayne fesse sa femme. Cette scène, mal appréciée aujourd'hui – au point qu'elle sera supprimée dans la version vidéo qui circule actuellement en France – a au moins le mérite de s'inscrire dans un parcours dialectique faiblesse-force totalement étranger à une pâle copie comme *Mc Lintock !* (1963) où les fessées répétées – panacée supposée pour se faire mieux aimer de la victime – demeurent d'autant plus gratuites qu'elles ne servent pas de contrepoint à une faiblesse de Wayne.

On peut inclure dans le même registre, le côté facho, les insolites coups en vache donnés par le représentant de l'Etat au bandit (*Rio Bravo*) ou à l'ennemi à terre (*The Undefeated*), et qui recueillent l'assentiment amusé du public.

Dans *The Quiet Man* – que je conteste dans la mesure où la lourdeur et la longueur restreignent le charme du conte – il y a au moins l'avantage de cette alternance sytématique qui donne au personnage son relief, d'un côté Wayne embrasse Maureen O'Hara tout de suite, sans préliminaire, avec une étonnante fougue macho, il lance son chapeau en l'air comme si c'était un tournoi de javelot, il envoie un coup de pied au cul de sa femme, il défonce la porte de la chambre à coucher, et de l'autre côté, il feint de ne pas regarder les jambes d'O'Hara, avec un air niais à la Laurel, il se fait mettre à terre au premier coup de poing, il recherche la tranquillité et méprise l'argent (« *I'm sick of money* »), ce qui est pour le moins anti-américain, il se tait dans la première scène du film, sur le quai de la gare, alors que tous les autres n'arrêtent pas de parler pour ne rien dire.

Il peut sembler farfelu, dans un texte sur Wayne, d'étudier *Land of the Pharaohs* (*La Terre des Pharaons*, 1954), où il n'apparaît pas, alors que je ne fais pas mention des films qu'il produisit et qu'il réalisa tout en les jouant ou de *True Grit* qui lui valut son seul Oscar. J'assume.

Car il m'est impossible de croire que Howard Hawks, qui allait tourner avec Wayne quatre de ses six derniers films, et prit sa retraite en partie parce que Wayne ne voulait plus tourner avec lui, n'ait pas conçu sa fresque égyptienne en pensant à son acteur favori, qui allait préférer devenir Gengis Khan plutôt que Chéops.

Lorsque Jack Hawkins, filmé en travelling, avance à toute vitesse, blessé, sous le cataclysme sonore et exotique de Dimitri Tiomkin, je ne peux pas ne pas voir en transparence Wayne progresser exactement dans les mêmes conditions à la fin de *Red River*. Quand je vois *La Terre des Pharaons*, il me faut toujours un long temps de réflexion pour me rendre compte que ce n'est pas Wayne qui joue. Du reste, Ford recourra encore, lui aussi, au presque sosie Hawkins le jour où il lui faudra un Wayne à l'accent anglais (*Gideon's Day*).

Il y a là le même jeu de double qu'entre William Boyd et Gary Cooper, qu'entre Cooper et Mitchum, Cary Grant et Rock Hudson, Stewart et Lemmon.

Chéops – Hawkins – Wayne consacre toute sa vie à faire construire son tombeau inviolable, afin de prétendre survivre à sa propre mort. Un autre mode de survie, qui s'ajoute à celle, plus banale, par la progéniture, laquelle est d'ailleurs évoquée un instant dans *La Terre des Pharaons* (le premier né menacé de mort, comme dans *The Wings of Eagles*) et qui annonce la morbidité du futur opus waynien.

Au cours de *The Searchers* (*La Prisonnière du désert*, 1955), Ford ne fait qu'esquisser le motif de la retraite. Il ne parle pas de la vieillesse. Wayne n'est pas amputé – tout juste blessé un moment, le bras en écharpe. Mais le film se déroule sur une très longue durée, imprécise. A la réflexion, ce doit être sept ans, tout entiers consacrés à la recherche de la nièce enlevée par les Indiens. *Red River*, *Land of the Pharaohs*, *The Wings of Eagles* s'étalent aussi sur quinze ou vingt ans, de même que *Liberty Valance* et *Flashing Spikes*, films dont l'intérêt est centré sur deux époques distantes, montrées ou évoquées. Ces longues sagas, typiquement fordiennes (cf. *The Long Gray Line*, *How Green Was My Valley*, *The World Moves On*, qui porte le record à plus de cent ans) conduisent inévitablement à la notion de vieillesse : au bout de pareilles durées, on ne peut qu'avoir vieilli. Certes, l'apparence physique de Wayne ne change pas beaucoup entre le début et la fin du film. En revanche, celle qui change, et qui vieillit visiblement, c'est sa nièce Debbie, véritable calendrier du film, qui passe de neuf ans environ à seize. Et le plus important, cette gentille petite poupée blanche devient une jeune squaw peinturlurée, qui a du mal à parler anglais. C'est ce changement de Debbie qui, par contrecoup, fait vieillir Wayne. Et cette recherche perpétuelle à travers les lieux et les saisons nous amène à des questions fondamentales : lorsque, grâce à Debbie, nous apprenons qu'il s'est passé tant d'années au cours des deux heures de projection, alors que nous perdons la notion du temps, un certain effroi nous saisit : n'avons-nous pas vécu vingt ou cinquante ans ou plus, sans nous être aperçu de rien, comme si nous étions nés d'hier, à l'image de l'Ethan Edwards incarné par Wayne ?

N'en sera-t-il pas de même pour les années qui nous restent ? Ne mourrons-nous pas sans avoir eu l'impression d'avoir vécu ? d'avoir pleinement vécu ? Car cette recherche fastidieuse, à quoi sert-elle, puisqu'Ethan finit par désespérer de retrouver sa nièce ? Pire, lorsque nos deux « *searchers* » touchent au but, ils souhaitent ne l'avoir jamais retrouvée, ils pensent à la tuer, parce qu'elle est devenue autre. Comment un être humain peut-il être devenu à ce point « *autre* » ? Vanité de la notion de famille, à la base de l'art fordien. Cette longue traque n'est-elle pas le comble du dérisoire humain, devant l'immensité de Monument Valley, puisqu'elle aboutit à l'exact contraire de son but ? Cette longue obstination dans le dérisoire, avec la défaite finale, on la trouvait déjà dans *Land of the Pharaohs* et *Red River* (Wayne lutte pour ne pas conduire le troupeau au chemin de fer, pour en rester seul maître, pour tuer Clift, et c'est le contraire qui se passe).

Par ces problématiques qui touchent à la métaphysique, on pense à *Moby Dick*. *The Searchers* est un film passionnant en même temps qu'ennuyeux, en raison de la monotonie de cette recherche répétitive, qui est probablement une parabole de l'existence humaine. Passionnant et lourd aussi, à cause du pittoresque facile et rabâché des transitions, bien plus déplacé en ces très hautes sphères que dans *She Wore A Yellow Ribbon*.

Il y a le miracle final. Alors que rien ne le laissait prévoir, par lassitude, par instinct humain ou familial, Ethan propose à sa nièce de retourner à la maison natale (« *Let's go home, Debbie* », petite phrase magique du cinéma fordien qui évoque le futur « *So long, you bastard* » de *Seven Women*), invraisemblance qui peut choquer, mais qui garde, par son abrupt même, un pouvoir émotif immense.

On rattache bien sûr cette phrase à la personnalité d'Ethan Edwards, qui est défini comme raciste tout au long du film, un racisme que – suprême adresse de Ford – nous partagerons parfois, devant les squaws blanches très enlaidies et rendues débiles. Ethan Edwards ne change pas physiquement, mais il change moralement.

On peut aussi lier cette évolution à la personnalité de John Wayne. Il était, on le sait, un militant anti-communiste dans la vie et à l'écran : pas moins de cinq films anti-rouge, *Jet Pilot*, *Big Jim McLain*, *Blood Alley*, *The Green Berets*, qu'il alla parfois jusqu'à produire et même réaliser, auxquels j'ajouterais peut-être sa vie de Gengis Khan, *The Conqueror*. Certes, il ne faut pas confondre anti-communisme et racisme en jouant du double sens du mot « *rouge* », bien que les deux aillent parfois de pair. Et je ne pense pas que Wayne était raciste. Un indice : il contracta deux mariages avec des Latino-Américaines. Et il ne semble pas avoir manifesté, au cours de sa vie, de répulsion envers les Indiens. D'ailleurs, plus personne n'est anti-Indien depuis cinquante ans, les Indiens n'ayant plus aucun pouvoir... On peut néanmoins remarquer que Wayne casse du « Jaune » fréquemment (*Flying Tigers*, *Fighting Seabees*, *Back to Bataan*, *Iwo Jima*, *Blood Alley*, *Green Berets*, les deux derniers produits par lui). Evidemment, il faudrait faire la part entre l'ennemi de guerre japonais et le Jaune, ce qui n'est pas facile. Acteurs de nombreux westerns dans les années trente et quarante, à une époque où Hollywood faisait de l'Indien du passé un méchant, il suivit, comme tout le monde, l'air du temps (cf. le début de *Red River*, assez méchant pour les autochtones). Il joua et produisit *Legend of the Lost*, qui se foutait de la gueule des Arabes. Tout cela donne de Wayne une image de marque plutôt négative, et fait de lui quelqu'un encore plus à droite qu'il ne devait l'être dans la réalité.

On peut donc considérer le racisme d'Ethan Edwards comme une transposition, une équivalence du radicalisme waynien. Et la fin de *The Searchers* apparaît alors (comme, à un moindre degré, *Fort Apache*) comme un super coup de théâtre. Ça n'a pas du tout la même valeur si c'est Brando ou Montand ou Gian Maria Volontè qui accepte une jeune squaw dans sa famille que si c'est John Wayne, lequel venait d'ailleurs de scalper un Indien... C'est comme le début d'une conversion au libéralisme.

Certes, il est difficile de soutenir que toutes les implications politiques et métaphysiques de *The Searchers* ont été voulues par Wayne, ou même par Ford. Il n'empêche que la thématique du film – le temps qui passe – est spécifiquement waynienne, et que nul autre n'aurait pu mieux incarner cette obstination dans la recherche, ce côté dur à cuire, tête de lard, qui se lit si bien à travers son visage, son nez tranchant. Chez les personnages têtus qu'il fait vivre, le changement total et final de comportement (cf. *Red River*, *The Quiet Man*) n'en prendra que plus de valeur.

Le Ford suivant, *The Wings of Eagles* (*L'Aigle vole au soleil*, 1956), continue à jouer sur le temps, mais reprend surtout le motif de la décrépitude, rendu plus sensible par le fait qu'au début, le Marine Frank Wead joué par Wayne se révèle un joyeux drille, plein de santé, se bagarre avec conviction contre ceux de l'Armée de Terre. Après avoir reçu un mauvais coup, il remonte très vite d'en dessous le cadre pour tabasser l'adversaire (Wayne a quarante-neuf ans : chapeau !). Il exploite sa veine pugilistique qui va de *Seven Sinners* (1940) jusqu'à *North To Alaska* (1960). Il reçoit et lance des tartes à la crème.

Mais à la quinzième minute, premier avertissement téléphoné par un cadrage insérant beaucoup de noir, son bébé meurt. Les obligations militaires le retiennent longtemps loin du foyer familial. Il s'en repent auprès de sa femme, rendue furieuse à la suite de cette disparition. Quelques heures après leur réconciliation, ce spécialiste des vols à haut risque sur avion amphibie se casse la gueule... dans son escalier, en rejoignant la chambre de ses enfants. Il est paralysé. Nous sommes à la quarantième minute. Il passe des mois et des mois à l'hôpital. Deux très longs plans, d'une dureté insupportable – on dirait un film de Wiseman – caractérisent cette rééducation. L'un nous montre Wayne étendu sur son lit, criant sans arrêt : « *I'm going to move that toe* » – je vais remuer cet orteil – (puisque le déplacement d'un orteil sera le premier indice du recul de la paralysie) en chœur avec son vieux copain partisan de la méthode Coué. Au deuxième plan, il essaie de marcher en s'appuyant sur ses béquilles, sans personne pour le soutenir. Deux plans insoutenables en raison de leur longueur, de la répétition des mêmes mots, de leur coïncidence avec une vérité médicale, de leur irruption soudaine dans la fiction hollywoodienne. Plus tard, Maureen O'Hara embrassera la partie chauve du crâne de Wayne. Enfin, vers la centième minute, ce héros sur béquilles s'effondrera, j'allais dire définitivement, avant d'être treuillé du bateau sur l'hélicoptère, tout en revoyant les images joyeuses de son lointain passé : « *Le bon temps est révolu. Mais ça ne fait rien, car nous avons toujours le plaisir de nous en souvenir* », telle est *grosso modo* sa déclaration de foi.

Devant pareil film, comme devant *The Searchers*, nous sommes partagés entre la monotonie de plus en plus accusée de la matière filmée et la force provocatrice d'une vérité insolite et inédite. Je ne connais pas de film plus déprimant. Au parcours normal hollywoodien vers l'apothéose extatique (dont le prototype serait *The Fountainhead* ou *Duel in the Sun*), se substitue une marche continue, très lente, et irrémédiable vers la mort. Et je ne peux pas dire si ce pouvoir dépressif doit être mis au crédit ou au passif du film. Il est certain qu'il n'y a pas comme dans *The Searchers* la splendeur du paysage qui fait contrepoids. Et dans cette ambiance, les piètres intermèdes comiques fordiens deviennent vite très saumâtres.

The Wings of Eagles sortit dans le plus grand cinéma du monde, le Radio City

Music Hall. Il s'écroula très vite, et fut retiré au bout de trois semaines. Wayne et Ford durent changer quelque peu leur refrain. Etait-il d'ailleurs possible d'aller plus loin ? *The Horse Soldiers* (1959) les verront revenir à des normes beaucoup plus classiques.

Wayne ne s'en tiendra pas là, avec le concours, cette fois, de l'autre compère. L'*El Dorado* de Hawks (1966), c'est vraiment le défilé des éclopés, qui passera mieux auprès du public grâce à un *humour permanent*, plus valable que *l'humour des transitions* fordien.

Dès le début, Wayne se retrouve avec une balle dans le dos. Ça ne l'empêche pas de se battre comme d'habitude, mais il risque à tout moment d'être paralysé, et, pour le moins, d'être paralysé de la main droite, ce qui est quand même fâcheux pour un tireur d'élite. Avec le shérif alcoolique Robert Mitchum, qui titube sans cesse, il traque un assassin boiteux. Le relais est vite pris : Mitchum reçoit une balle dans la jambe. Wayne est maintenant paralysé de la main droite. Les tueurs ne se soucient plus de ce manchot. Il en profite pour tirer de la main gauche... Il est blessé à la jambe, comme Mitchum. Wayne et Mitchum ont donc chacun leurs béquilles. Ils se trompent de béquilles...

J'ajoute qu'ils sont aidés dans leur tâche par un vieillard (Arthur Hunnicutt), un jeune phraseur fort maladroit (James Caan), et une jolie femme. On retrouve ici l'ossature de *Rio Bravo* (1958), dont *El Dorado* est le plagiat quelque peu éhonté, et où il y avait déjà l'union des quatre âges de l'homme, Hunnicutt – Wayne – Mitchum – Caan relayant le quatuor Brennan – Wayne – Martin – Nelson. Enfoncé, Huston qui s'arrêtait à trois âges dans *The Treasure of the Sierra Madre* (Walter Huston, Humphrey Bogart, Tim Holt). C'est un peu plus compliqué que ça. Car, dans *El Dorado,* Wayne, plus vieux de huit ans, pique un peu de son rôle au Walter Brennan de *Rio Bravo*, vieil infirme bavard avec des problèmes de dentier perdu comme dans *Red River* douze ans avant... Déjà *Rio Bravo* jouait contre le mythe du Wayne fort : « *Wayne est le héros, mais il vieillit et il a besoin d'apprendre ce que c'est que la dépendance : avant la fin du film, il doit accepter l'aide d'un vieil infirme, d'un ivrogne, d'un punk et d'une fille de saloon* », écrit justement Leland A. Poague, le meilleur exégète de John Wayne[2].

Il y a donc une formidable unité dans l'œuvre de John Wayne, ou tout au moins dans ses meilleurs films : la vieillesse, la décrépitude, le temps qui passe. Voilà indiscutablement un auteur. Mais peut-être est-ce un faux auteur, un

2. In *The Most Important and Misappreciated American Films*, p. 69, Cinémathèque de Bruxelles, 1978.

auteur par intérim. Car ces thèmes sont exclus du catalogue de sa firme Batjac et de ses deux réalisations (*Alamo/Green Berets*) et il survit essentiellement grâce à ses cinq Hawks et à ses quinze Ford, qui ont vraiment donné l'impulsion à sa thématique. Les deux cinéastes se relayèrent merveilleusement dans ce marathon de la décrépitude, se confondant presque. Il est vrai qu'ils prirent tous deux Wayne en croupe à l'approche de leur vieillesse, quarante-trois ans pour Ford, cinquante pour Hawks. Il était donc normal qu'ils en fassent un vieux avant l'âge. Mais quelle étrange coïncidence entre deux cinéastes aussi opposés : John Ford était borgne, et ne voyait pas très bien de l'autre œil. Outre à whisky, il était devenu un vieillard cacochyme, qu'on traînait sur sa chaise roulante. Il dut même abandonner deux ou trois films en cours de tournage (*Mister Roberts*, *Young Cassidy*, voire *Pinky*), et il est probable que les compagnies d'assurances hatèrent sa retraite. Tout à fait logique qu'il fit accomplir par Wayne ce long cérémonial de la déchéance humaine, reflet transposé de son propre parcours même si – simple diversion – il est représenté dans *The Wings of Eagles* sous les traits du bien portant Ward Bond.

En revanche, Howard Hawks, élégant *sportsman* qui conduisait encore sa moto à soixante-dix-huit ans, qu'en avait-il à faire des affres du cacochyme ? La question se pose avec d'autant plus d'acuité que le thème de la vieillesse ne se retrouve pas seulement dans son opus waynien : il y a *Monkey Business*, où il se moque du désir de jouvence, et peut-être bien de lui-même par la même occasion. Car il n'y a guère d'autre raison. Il n'évoquerait tout de même pas la décrépitude pour le seul plaisir de concurrencer Ford sur son propre terrain, d'autant qu'il l'avait précédé avec *Red River*. Il filmait la vieillesse parce qu'il en avait peur. Une sorte d'exorcisme, de conjuration. Ce n'est pas pour rien qu'à cinquante-sept ans, il avait épousé un mannequin de vingt-cinq ans, qu'il tournait des films aussi sportifs que *Hatari !* et *Red Line 7000* entre soixante et soixante-dix ans... La vieillesse vue de l'extérieur, ce qui lui permettait beaucoup plus d'humour que Ford...

C'est peut-être aller un peu vite que d'expliquer tout Wayne par ses deux réalisateurs-mascotte. Wayne offre la particularité d'avoir été la première star à retardement, après huit ans de premiers rôles et soixante films dans l'anonymat, préfigurant en cela Lee Marvin, Charles Bronson, Louis de Funès, Michel Piccoli, Lino Ventura et Jean Carmet. On peut dire qu'il n'a pas eu de jeunesse, ou qu'il l'a consumée dans cette boulimie, ou même qu'il la haïssait, son image de jeune cow-boy coïncidant avec sa médiocrité.

On note aussi que c'est en 1946, l'année de *Red River*, son premier rôle de vieux, qu'il ressentit les prémices du cancer des fumeurs qui allait l'emporter en

1979[3]. Wayne était donc concerné au premier chef par cette thématique de la déchéance physique. Et après la mort de Ford, après la retraite de Hawks, après deux rôles de vieux borgnes (*True Grit*, *Rooster Cogburn*), on le voit encore, cancéreux en attente de la phase terminale, grimper sur son cheval à soixante-neuf ans, jouer... les derniers jours d'un tireur cancéreux dans *The Shootist* (*Le Dernier des géants*, 1976) de Don Siegel. La boucle est bouclée : ses personnages avaient toujours pris de l'avance sur John Wayne. Peu à peu, il s'est rapproché d'eux, et les a rattrapés au tout dernier film, assumant pleinement sa thématique.

La décrépitude n'est pas le seul élément anti-mythe que travaille John Wayne. Il y a une deuxième faille...

Le problème majeur du star-system est de trouver une intrigue qui mette en rapport une jeune femme – puisque les actrices, comme les sportifs, trouvent leur apogée entre dix-huit et trente-cinq ans, en fonction de leur physique – et un acteur vieillissant – puisque les acteurs suivent la courbe des politiques et gagnent (ou conservent) leur célébrité avec l'âge.

Hawks, dans *Rio Bravo* (1958) – *Hatari !* (1960) exploite la même situation dramatique – nous présente donc un shérif de cinquante ans, sûr de lui, qui maîtrise à peu près les réglements de comptes de son district, qui tire merveilleusement bien, qui bénéficie de l'auréole que lui confère John Wayne, mais qui ne sait pas comment se comporter avec l'autre sexe. Il a connu autrefois une femme, une aventurière, qui l'a déçu. Et il ne s'en est jamais remis. Ce beau quinquagénaire, à l'allure de malabar, est probablement puceau, ou peu s'en faut. La gêne qu'il éprouve devant les avances que lui fait la toute jeune Feathers (Angie Dickinson) – avances qui constituent un nouveau camouflet au mythe, surtout dans un western – demeure ambiguë. Si l'on s'en tient au premier degré, il a peur de Feathers car il croit qu'elle est comme l'autre femme, « *no good* », qu'il en tombera amoureux, qu'elle le décevra, et qu'il sera à nouveau victime d'une blessure au cœur impossible à cicatriser. Mais le second degré, c'est que le manque d'expérience des femmes, la peur du sexe expliquent sa timidité : il réagit vraiment comme un jouvenceau effarouché. Les deux lec-

3. Il y a une autre hypothèse au cancer de Wayne : cet anti-communiste militant aurait été atteint par des radiations résultant d'expériences atomiques, lors de la Guerre Froide, en 1954, alors qu'il tournait au Nevada *The Conqueror*, et qui auraient causé, à la longue, la mort des principaux collaborateurs du film : Dick Powell, Susan Hayward, Pedro Armendariz, Agnes Moorehead. Il aurait donc été puni par où il avait péché.

tures se confondent un peu : le scénario lui attribue – pour le moins – de longues années d'abstinence, ce qui justifie sa peur. Et Hawks, Marivaux du Texas, renchérit à plein sur le thème du vieux costaud qui fait tout pour ne pas déclarer sa flamme à la cover girl amoureuse de lui. On rejoint là le thème du naïf amoureux, évidemment renouvelé par l'âge et la stature de l'intéressé.

Tout procède par sous-entendus. Pour Feathers, la problématique est la suivante : le shérif Wayne lui dit qu'elle ne doit pas porter sur scène un costume aussi sexy. Mais elle espère qu'il lui dira cela, non pas en shérif respectueux de la décence et du bon ordre dans sa ville, mais en tant qu'homme jaloux de voir celle qu'il aime livrée aux regards des voyeurs. Mais Wayne reste sur ses gardes, et ne franchit pas le pas. Elle devra se contenter de l'entendre dire que, si elle porte ce costume, il la mettra en état d'arrestation, discours excessif qu'elle considère comme un aveu. « *I arrest you* » veut dire « *I love you* ». De même, dans *Hatari !*, la relation entre Sean et Dallas se précisera par l'entremise, non plus de sous-vêtements, mais d'animaux, et par le biais de leurs attitudes respectives à l'égard des petits éléphants que nourrit Dallas.

L'affaire est un peu compliquée, dans *Rio Bravo*, par la jalousie qui opposera Feathers et Stumpy, le vieil infirme qui fait la cuisine de Wayne, et que Wayne embrasse soudain, par jeu...

Le filon sentimental de *Rio Bravo* était si original qu'il sera exploité à nouveau, non seulement dans *Hatari !*, mais aussi dans *North to Alaska*.

C'est toujours le vieux principe « *he stoops to conquer* » : il faut un handicap qui rende l'acteur sympathique au spectateur. Avec Wayne, ce sera, ou bien la vieillesse physique, ou bien l'exact contraire, la juvénilité ou l'infantilisme mental, exprimé par son rapport avec les femmes.

A l'extrême fin de *Rio Bravo*, John Wayne se décide enfin et jette par la fenêtre la tenue de scène de Feathers, comme elle le souhaite. Dans *Jet Pilot* (*Les Espions s'amusent*), filmé en 1950 par Sternberg, et écrit par le même Jules Furthman, il prend les pantalons de Janet Leigh médusée, et on les retrouve dehors... Cette fois, c'est le John Wayne viril et macho dans toute sa splendeur. Autant *Jet Pilot* se révèle un cocktail passionnant – il s'agit d'une comédie érotique anti-communiste fondée sur la beauté des ballets des avions dans le ciel – autant le film reste très banal dans la conception du rôle de Wayne. C'est le costaud, un point c'est tout. Comme toujours, Sternberg a suivi sa propre voie, sans tenir compte des possibilités profondes que pouvaient receler ses acteurs. Il est intéressant de constater, à ce propos, qu'avec John Wayne – hormis bien sûr Ford et Hawks – les cinéastes de très haut niveau ou de grande importance comme Ray, Preminger ou Huston, qui n'étaient pas concernés par la problématique de la décrépitude, n'ont donné qu'un travail médiocre (*Flying Leathernecks*, *In Harm's Way*, *The Barbarian and the Geisha*), bien inférieur à celui de réalisateurs de moindre envergure comme Allan Dwan, Edward Ludwig, Don Siegel ou Bernard Vorhaus.

Le lecteur pourra s'étonner de ce que je n'ai parlé jusqu'ici que des personnages incarnés par Wayne sans faire mention vraiment de son travail d'acteur, de sa gestuelle, de sa voix. Les feuilles blanches que j'avais préparées avant la vision de ses films sont restées presque vierges de notes, alors que, pour certains Cooper comme *Deeds* ou *Design for Living*, je me suis retrouvé à court de papier. C'est tout simplement qu'il n'y a pas vraiment de travail de Wayne dans le détail, ou que ce travail demeure invisible. Nulle aspérité bouleversante, ni ridicule d'ailleurs, rien à quoi s'accrocher. Wayne se situe dans une ligne moyenne qui oscille toujours entre les excès de l'*underplay* comme de l'*overplay*. Il porte presque le même costume dans tous ses films. Il se courbe un peu plus que Cooper en direction de ses partenaires. Il appuie fréquemment ses mains sur ses hanches (ce *Bassin de John Wayne* qu'évoque le réalisateur portugais João Cesar Monteiro comme titre de son prochain film dans les *Cahiers du cinéma* n° 458, juillet-août 1992), au demeurant lourdement nanties d'armes. Il joue de la *présence*, mais très peu du regard. Pour compenser, Hawks lui joint toujours un bel éphèbe au *regard* vif, Clift ou Ricky Nelson ou Gérard Blain ou James Caan, voire Dewey Martin. Il ne bouge pas tellement les bras – toujours occupés à tenir son fusil. Si, un peu quand même : il y a de beaux jeux de mains vers l'avant et vers l'arrière dans *El Dorado*. Mais je ne veux pas continuer sur ce terrain. Car ce sont des pistes qui s'avéreront un peu courtes, et qui risquent de nous masquer l'essentiel. Il marche beaucoup, d'un pas souple. Il fait souvent du cheval. Il n'a pas de problème pour dire un texte, même un peu long, et il coïncide normalement avec ses partenaires. Ses possibilités demeurent limitées : il n'est que de comparer son inexpressivité durant le procès de *Reap the Wild Wind*, là où ses collègues exercent leur brio. En un mot, une discrétion un peu contradictoire, à première vue, avec le statut de super-star qu'il a atteint. Mais le plus grand art n'est-il pas de savoir éviter les fautes, autant que d'accumuler les exploits ? Un art de la passivité, plus que de la créativité. Sa force est de donner l'impression du quotidien alors que cet homme qui fait presque toujours usage de son arme se situe dans le domaine de l'exceptionnel, qu'il valorise justement par cette réinsertion insolite du quotidien (*Rio Bravo*, et, pourquoi pas, *Gideon's Day*). A travers cent-cinquante films, c'était d'ailleurs devenu pour lui la vie quotidienne, que de jouer les tireurs d'élite.

Une armoire à glace, mais aussi un visage commun, vulgaire jusque dans sa singularité, impossible à ne pas reconnaître, et en même temps boursouflé, tanné, dur à cuire, vieille peau, assez voisin du crocodile d'*Hatari !*, du taureau de *Land of the Pharaohs* et de *Red River*, et, à la fin, proche aussi de ma grand-mère, presque asexué.

On met souvent ensemble Cooper et Wayne, les deux cow-boys qui portent souvent l'uniforme. Rien de plus inexact. Wayne, c'est le chef (ou le sous-chef) d'un groupe. Cooper, c'est l'homme seul. Quand il est en groupe, il se distingue très très nettement des autres (*Ball of Fire*, *For Whom the Bell Tolls*). Cooper travaille dans l'héroïque, Wayne dans le quotidien. Cooper ne meurt jamais, ne vieillit plus une fois atteinte la quarantaine. Wayne n'a presque jamais été jeune, et ne cesse de vieillir. Cooper est assez malléable pour pouvoir se révéler excellent avec dix grands réalisateurs. Wayne n'en accepte que deux. Il a une thématique précise. Cooper n'en a pas. Cooper demeure provocant dans son immobilité. Il ne fait rien, juste deux ou trois effets. Wayne refuse les effets, travaille en douceur, ne se fait pas remarquer, se laisse porter par l'action.

Et le bilan stupéfie : à l'enquête de Bruxelles, en 1978, parmi les soixante films américains jugés les plus importants, on compte quatre Wayne – *The Searchers*, *Stagecoach*, *Rio Bravo*, *Red River* –, qui sont d'ailleurs les quatre premiers westerns cités dans les réponses, contre deux Stewart (*Vertigo*/*Rear Window*), aucun Grant, aucun Cooper.

Cet homme qui n'a jamais fait de théâtre, cet odieux réactionnaire se trouve en même temps être à la pointe de l'*avant-garde* en matière de jeu. Car, à considérer les meilleurs films d'aujourd'hui, Hartley ou Kiarostami, Muratova ou Bresson, Kieslowski ou Rohmer, Itami ou Sembene, Oliveira ou Straub, ce n'est pas Cooper et encore moins Grant ou Stewart que l'on pourrait citer comme précurseur, mais bien Wayne et sa présence discrète, la silhouette parfaitement intégrée dans la tapisserie du film.

Déjà blessé...
(*The Searchers*, 1955).

Le premier visage de John Wayne.
(*The Spoilers*, 1942)

A 39 ans, Wayne joue déjà les vieux.
(*Red River*, 1946)

La survie grâce à l'enfant.
(*The Three Godfathers*, 1948).

Wayne avec moustache : le capitaine à la veille de la retraite.
(*She Wore A Yellow Ribbon*, 1948).

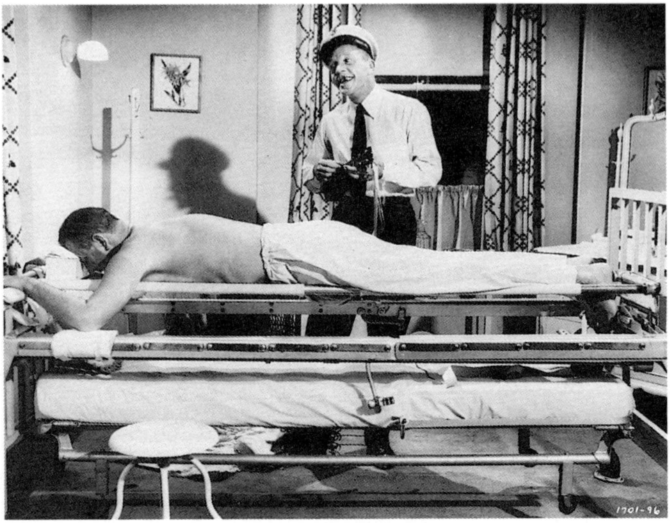

Le plan le plus insupportable... « Je vais bouger cet orteil ».
(*The Wings of Eagles*, 1956).

L'éducation sentimentale du beau quinquagénaire.
(*Rio Bravo*, 1958).

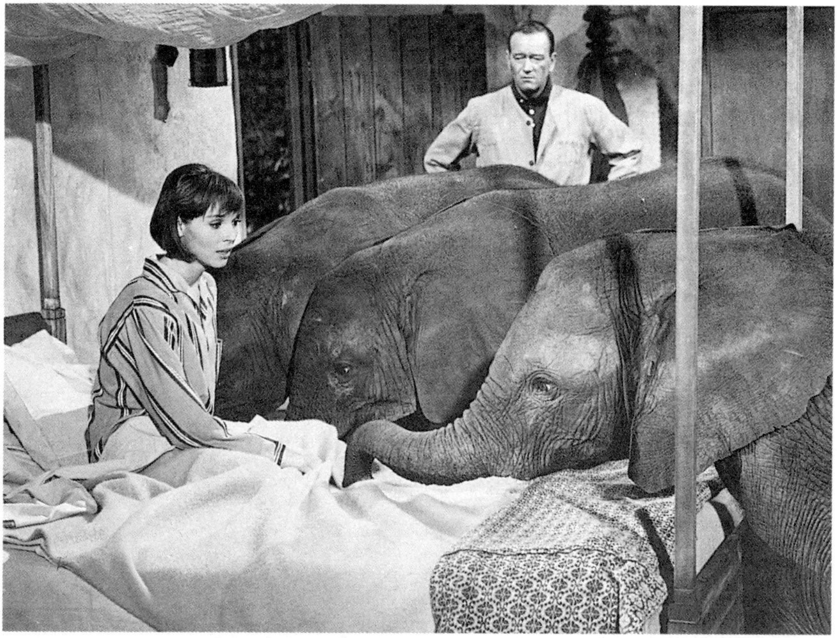

Le nouveau triangle : lui, elle... et l'animal.
(*Hatari !*, 1960).

La grande rencontre : le cow-boy et le cuisinier.
(*The Man Who Shot Liberty Valance*, 1961).

Chacun des quatre membres suit une ou deux directions différentes.
(*Indiscreet*, 1958).

CARY GRANT :
LE SPRINT ET LA POSE

Cary Grant est logé à la même enseigne que Cooper ou Wayne : ses premiers films, au cours des *thirties*, pour le compte d'une même firme – en l'occurrence la Paramount – nous livrent un acteur plutôt aseptisé, standardisé. On en a la preuve, légèrement caricaturale, avec sa participation à *Blonde Venus* (Sternberg, 1932) où il donne la réplique à Marlene Dietrich, dont il est le richissime séducteur et impresario. Malgré la brieveté de ses apparitions, on a le temps de le voir en tenue de cheval, de yachtman et en maints autres costumes coûteux. Le mari, Herbert Marshall, et surtout Marlene Dietrich ont droit à de nombreux plans rapprochés. Pas Grant, qui est surtout une image, une silhouette. L'apport de Sternberg dépasse un peu les standards de la Paramount. Avec Cary Grant, Sternberg semble avoir voulu reproduire le Gary Cooper de *Morocco* : mêmes petites phrases courtes, même façon de valoriser le nez. Avoir choisi Cary comme prénom, en 1932, n'était peut-être pas innocent. Grant paraît beaucoup plus que ses vingt-huit ans. C'est peut-être la seule fois de sa carrière où il aura une apparence massive. La largeur de son visage immobile l'apparente plus encore qu'à Cooper, à de futurs interprètes sternbergiens comme Mature ou Mitchum. Il bouge très peu. La première fois qu'on l'aperçoit, il donne un coup de poing à un adversaire. Tout à fait l'homme sternbergien, rien à voir avec la personnalité de Grant, qu'il révèlera par la suite.

A sa deuxième sortie de la Paramount, *Sylvia Scarlett* (1935) nous fait enfin cadeau d'un véritable acteur. Le film tourne autour d'une jeune femme (Katharine Hepburn) qui, pour aider son père traqué par la police, est amenée à se travestir en homme. Grant incarne un curieux personnage, un Anglais comme il l'est lui-même (alors qu'il sera américain dans l'immense majorité de ses films), au statut assez indéfini : faux-jeton, il commence par profiter honteusement du père et de la « *fille* », avant de les aider, de les protéger. Il joue généralement les jeunes premiers dans les autres films, mais ici, il s'éclipsera vers la fin, laissant Katharine Hepburn convoler avec Brian Aherne. Mais cette disparition n'en est peut-être pas une, puisque Hepburn portera la veste noire de Grant et copiera très exactement son comportement dans le train, à la toute première séquence du film.

Il y a une clé qui permet de mieux comprendre, de comprendre autrement *Sylvia Scarlett* et toute l'œuvre de Grant. Au départ de ce livre, j'avais pour intention de ne jamais faire référence à la vie privée des artistes. J'espère que le lecteur me pardonnera si je contredis ce principe. Je ne recommencerai pas, je le jure. Mais cette entorse à la déontologie critique me semble indispensable. Grant fut marié cinq fois, pendant des durées assez courtes. Voilà qui ajoutait à la légende de ce très beau séducteur. Mais la récente biographie établie par Charles Higham et Roy Moseley[1] indique que Grant était bisexuel, et que ses relations hétéro étaient, en général, disons, moins heureuses que les autres. Comme le livre n'a été l'objet d'aucune saisie, on peut faire confiance à leurs auteurs. Ainsi s'explique la brièveté des mariages, et peut-être aussi la paternité tardive de Grant (à soixante-deux ans). Ces multiples mariages avaient la fonction, sinon de couverture, tout au moins d'essais, avec des réussites diverses. Ces particularités avaient été tues par les échotiers. Car si l'on avait su que le plus grand séducteur de femmes du cinéma était en fait un inverti, tout l'échafaudage hollywoodien risquait l'effondrement, et les mouchards avec.

Je n'ai peut-être même pas à m'excuser de cette référence à la vie privée. Car elle contrebalance heureusement une autre référence, plus ou moins inconsciente, à une fausse vie privée : si nous étions insensibles à l'ambiguïté de Cary Grant, c'était parce que sa légende d'éternel coureur de jupons nous détournait de la réalité présentée par l'écran, nous interdisait même de penser un seul instant à cette ambiguïté.

Sylvia Scarlett, réalisé par un homosexuel notoire, George Cukor, concerne donc Grant au plus haut point, mais par procuration en quelque sorte : le travesti

1. *Cary Grant, un cœur solitaire*, 1989, Messinger, traduction de *Cary Grant – The Lonely Heart*, 1989, Harcourt Brace.

– auquel on identifie, un peu abusivement peut-être, l'homosexuel – c'est ici Katharine Hepburn et non Cary Grant. On peut dire que cet intérim révèle un surtravestissement, qui a dû beaucoup amuser Grant : il participait à une entreprise fondée sur le travesti sans jamais être mis en cause directement. Sauf peut-être dans une scène : à l'idée de coucher dans la même chambre que Hepburn travestie, il semble gêné, ce que peuvent justifier trois interprétations toutes différentes, l'angoisse d'une présence féminine voisine qu'il devine, la peur d'une invitation à l'homosexualité, le manque d'intimité.

Grant franchira néanmoins le pas décisif, après quatorze ans d'atermoiements, grâce à *I Was a Male War Bride* (*Allez coucher ailleurs*) de Hawks. Français épousant une soldatesse américaine, il ne peut l'accompagner dans le bateau militaire voguant pour les USA que s'il se déguise en femme, les épouses de guerre étant seules reconnues par la bureaucratie américaine, à l'exclusion des époux de guerre.

L'une des forces de Cary Grant, c'est en effet qu'il se jette constamment dans le feu. Il se met à la place du taureau dans l'arène : son double Rock Hudson évitera toujours les rôles ambigus qu'aurait pu engendrer son homosexualité. Il incarnera sans trève le grand gaillard viril dénué de problèmes. Grant, au contraire, puise au tréfonds de lui-même et accepte, non seulement le travesti, mais aussi tous les *doubles sens* dans la gestuelle de ses personnages et une vaste panoplie fondée sur sa problématique favorite...

Coup de théâtre : ce Grant-là fait sécession ! D'avec sa première femme après sept mois de vie commune en 1934. Le public l'identifie donc à la notion de mariage bref et de divorce. Grant lui-même ressent certainement l'union matrimoniale comme un de ses motifs d'inquiétude majeurs. Le mariage sera donc le thème premier de son œuvre.

La composante principale en sera le *remariage* entre époux séparés, sujet principal de quelques-unes de ses meilleures comédies[2] : *The Awful Truth* (*Cette sacrée vérité*) de Leo McCarey, qui inaugure la série en 1937, *His Girl Friday* (*La Dame du Vendredi*), *The Philadelphia Story* (*Indiscrétions*) et aussi *My Favorite Wife* (*Mon épouse favorite*). La comédie du remariage, dont Grant ne sera d'ailleurs pas le seul adepte, permet de concilier une intrigue sentimentale complexe avec le Code Hays et les ligues religieuses.

2. Cf. l'étude de S. Cavell : *A la poursuite du bonheur : Hollywood et la comédie du remariage,* Ed. Cahiers du cinéma, 1993.

Le divorce et le remariage, c'est très bien si on se remarie avec la même femme...

Il n'y a pas que le remariage. Il y a la nuit de noces. *I was a Male War Bride* conte l'histoire d'un couple qui, la cérémonie conclue, n'arrive pas à trouver un lit, situation qui va se prolonger. Il est facile d'en tirer le *deuxième sens* (Grant ne peut consommer le mariage) sous-jacent derrière le premier degré (il ne peut trouver le lit). Peut-être plus pour des raisons personnelles qu'en fonction de la pénurie de lits. Une scène nous invite à cette lecture : celle où Grant n'arrive pas à ouvrir la porte de la chambre de la fiancée (symbole évident pour un psychanalyste) alors que celle-ci prouvera un peu plus tard (grâce à des artifices de scénario, il est vrai) que la porte s'ouvre très facilement. Dans la littéralité du scénario, tout s'explique très bien au premier degré, sans rien de très original. Mais l'accumulation d'indices faisant surgir le second degré dans l'esprit du spectateur finit par renverser la balance. On retrouve ici toute la pratique perverse du double jeu chez Hawks, en complicité avec Cary Grant et ses scénaristes : dans le public, personne ne soupçonnait Grant d'être homosexuel. Pour l'immense majorité des gens, le travesti de Grant dans le film de Hawks était donc une aussi bonne plaisanterie que si ç'avait été le fait d'un Casanova, style Warren Beatty. Alors qu'en fait, le film est beaucoup plus près de la réalité qu'un jeu. Ce retour à la vérité de Cary Grant constituait, en lui-même, un jeu supérieur, au troisième degré, qui permettait à Hawks de berner le public d'une nouvelle manière, en lui faisant prendre le vrai pour le faux.

Il existe des variantes de ce thème de la nuit de noces : le Grant d'*Arsenic and Old Lace* est sur le point de se marier, en grand secret : il vient d'écrire un opuscule en faveur du célibat, et qui a un grand succès. Mais un lecteur le reconnaît alors qu'il va signer le registre des mariages. Grant s'enfuit pour ne pas être reconnu... La *Lune de miel mouvementée* (*Once Upon A Honeymoon*) n'est pas celle de Grant, mais celle d'un nouvel intérim, Walter Slezak. Grant attrape une crise d'urticaire juste après son mariage (*A Touch of Mink*). Il discourt du mariage en plein milieu d'une escalade, tout en essuyant les balles des méchants (*North By Northwest*).

Parfois, Grant arrive jusqu'à une vie normale d'homme marié. Mais ses problèmes avec les femmes se concrétisent alors à travers la figure de la belle-mère, qu'il traite de tous les noms, qui se révèlera insupportable ou méchante, et envers laquelle il se livrera parfois à des voies de fait. Ainsi dans *Monkey Business* et au hasard des comédies du remariage comme *The Awful Truth* et *His Girl Friday*. Dans ces deux films, ce n'est pas la belle-mère de Grant, mais la future belle-mère de son ex-épouse. L'effet reste le même. On en retrouve un écho dans *Notorious*, *To Catch a Thief* et *North By Northwest* – convergence britannique entre Grant et Hitchcock – et aussi *Arsenic and Old Lace* : toujours des dames âgées méchantes ou qui s'opposent à lui. Grant ira jusqu'à kidnapper la vieille dame, après lui avoir introduit un bâillon dans la bouche (*His Girl Friday*). On peut rattacher cette haine, cette misogynie au fait qu'il croyait (à tort) que sa mère l'avait abandonné dans son enfance. Bien sûr, Grant n'avait pas écrit les scénarios de ces films, mais les auteurs avaient modelé leur écriture en fonction de la personnalité de l'acteur.

Le mariage de *Suspicion* (*Soupçons*), tourné par Hitchcock en 1941, se fait aussi contre la volonté des beaux-parents, mais là n'est pas l'essentiel. Le film est tout entier consacré à la narration des épisodes de la crise entre les deux jeunes mariés : Joan Fontaine apprend que Cary Grant est un voleur, un joueur, un menteur, et tout laisse supposer qu'il veut la tuer pour hériter.

Des productions plus routinières comme *Mr. Blandings Builds His Dream House* (*Un million clé en mains*) ou *Room For One More* (*Cette sacrée famille*) sont, elles aussi, axées sur les difficultés de la vie familiale, moins graves cependant, comme les problèmes de logement ou d'adoption d'enfants. Ici, évidemment, la plaisanterie reste toujours au niveau du public, qui sait très bien que c'est l'envers de la biographie de Grant, et qui rit à cause de ça.

La plupart de ces films appartiennent à une période très faste, celle des années 1937-1942 qui marquent le glissement de Cary vers la comédie pure, loufoque même – ce qui permet de mieux faire passer les audaces misogynes – alors que la Paramount, durant les premières années de son contrat, l'avait orienté un peu à tort vers les mélos ou les comédies suaves. Ces années révèlent aussi une grande sûreté de goût dans le choix des metteurs en scène. Alors que tous les autres acteurs sont plus ou moins obligés de jouer, de temps à autre, dans des navets, en cinq ans, Grant va tourner trois Hawks, deux Cukor, trois McCarey (l'un dirigé par un tiers, à la suite d'un accident), trois Stevens, un Hitchcock, un Capra. Seuls choix peut-être discutables : un Frank Lloyd et un John Cromwell. Dans toute l'histoire du cinéma, je ne pense pas qu'il soit possible de trouver un acteur qui ait pu faire mieux. Depardieu a sans doute joué dans plus de bons films, mais il en a aussi tourné beaucoup plus de mauvais.

Durant les années cinquante-cinq on nous qualifiait, aux *Cahiers du cinéma*, d'« *hitchcocko-hawksiens* ». Il me faut aujourd'hui apporter une précision : le premier hitchcocko-hawksien, quinze ans avant nous, c'était Cary Grant, qui, dès 1941, avait déjà réussi à tourner pour chacun des deux maîtres de cinéma américain. En tout neuf films avec eux, voilà qui faisait de Cary Grant, sans conteste, le meilleur acteur d'Hollywood.

Le Grant hawksien travaille avant tout sur le double jeu que j'avais évoqué à travers *I Was a Male War Bride* et le travesti.

Comme Grant est le séducteur patenté, le public n'imagine pas un seul instant que ses piques contre les femmes puissent être autre chose que le reflet du petit jeu habituel entre les sexes : on s'envoie des vannes parce qu'on s'adore. Si on se faisait toujours des mamours, ça deviendrait vite fastidieux. La biographie réelle de Grant nous invite aujourd'hui à une contre-lecture totale.

Prenons le cas d'*Only Angels Have Wings* (*Seuls les anges ont des ailes*, 1939). Notre homme y dirige un mini-aéroport perdu, qui sert au courrier postal. Nous sommes au pied des Andes, en 1930. Le travail est difficile, il y a beaucoup d'accidents avec ces petits coucous qui ont bien du mal à atteindre l'altitude nécessaire en montagne. Le travail de Grant nécessite donc une présence permanente, de jour et de nuit. Les femmes ne peuvent que perturber le boulot, avec leur sentimentalisme et leurs problèmes. Grant raconte qu'une fois, il s'était mis en ménage. Il avait tardé à revenir d'une mission aérienne. Et, à son retour, sa copine, rongée par l'inquiétude, lui avait dit que, plutôt que de rester dans l'angoisse, elle eut préféré qu'il fût mort...

Bien que ce soit toujours justifié par la situation, on note que c'est avec une grande violence, courante chez certains misogynes ou quelques homosexuels, qu'il lance de l'eau sur le visage de Rita Hayworth, son ex-copine, théoriquement afin de l'aider à se dessaouler. C'est qu'il lui en veut de ne pas faire confiance à son mari actuel, le pilote Richard Barthelmess. Mais on est en droit de penser qu'il est furieux de voir son poulain Barthelmess convoler avec une femme. Grant se conduit avec ses pilotes un peu comme un coq avec ses poules. Il tapote sur les épaules de l'homme du bar, Dutchy. Il va pour entrer dans la chambre de Jean Arthur, qui est amoureuse de lui. Mais il renonce aussitôt pour aller piloter un avion. Plusieurs fois, Jean Arthur lui dira « *you are queer* » ou « *you are a queer duck* ». Or, *queer* veut dire étrange, mais signifie également homosexuel. Sitôt que Jean Arthur arrive dans sa chambre, il devient très maladroit : il se brûle avec le café. Il confond entre elles toutes les femmes de type hispanique : on a un peu l'impression que, pour lui, les femmes sont du bétail.

Il embrasse Jean Arthur, qui prétend être comme un de ses pilotes, le Kid. Grant rétorque que le Kid, lui, ne lui fait jamais de misères. Craignant que Grant se tue en vol (sens premier), mais aussi jalouse de le voir partir en avion en duo

film, et il y en avait déjà un au début de *Bringing Up Baby*, quand il s'aperçoit que le fauve est derrière lui, ce que lui a suggéré Katharine Hepburn quelques instants plus tôt. Mais c'est quand même un effet rare au cinéma en 1941, et donc très rémunérateur.

Mais le plus important n'est pas là. Regardez la façon dont la surprise se concrétise : Grant s'arrête de marcher, l'air effaré, et tourne trois fois de suite la tête, d'abord à droite, ensuite vers nous, et à nouveau à droite. Chacun de ses mouvements est très rapide et suivi d'un temps d'arrêt, qui correspond à une hébétude marquée. Le sprint et la pose. On trouvait déjà une esquisse de cette contradiction chez Cooper, dans *Design for Living*. Mais ici, elle est exagérée, stylisée, magnifiée, revendiquée : on va la retrouver quelques secondes après, précédée d'une reprise de mouvement normal, dans un plan presque identique (on pourrait croire un instant que Capra a monté à la suite deux prises d'un même plan) avec, en prime, un quatrième doublé mouvement rapide et position fixe. Cette contradiction qui évoque le comportement du *kangourou*[4] correspond à une réalité psychologique : le personnage est tantôt dans la situation d'*avant* (il ne connaît pas l'existence du cadavre ou encore il refuse de la connaître, croyant à un rêve), tantôt il est dans la situation d'*après*, effrayé par cette inexplicable réalité morbide.

La réaction retardée déclenchait un premier éclat de rire du spectateur, au surplus flatté d'avoir tout pigé avec un temps d'avance sur le prestigieux Cary Grant. Mais le pouvoir comique est amplifié par cette visualisation originale du dilemme du héros : l'ai-je bien vu, ou l'ai-je rêvé ? Et l'on pourrait soutenir que la contradiction entre sprint et pose, entre le sentiment du rêve et celui de la réalité, constitue un écho de la dualité foncière de Grant.

Ce n'est pas la seule scène où Cary joue les kangourous : un tout petit peu avant, il se met à courir et s'arrête, toujours en position de course, devant la porte. Plus loin, après l'épisode du verre empoisonné, en l'espace de quelques instants, il se retourne cinq fois de suite. Ici, ce qui joue, c'est plus l'effet de répétition de la contradiction pose-mouvement que cette contradiction elle-même. Quelques minutes plus loin, nous avons un exemple plus pur de la figure, toujours à propos du coffre : Grant se baisse, aperçoit le contenu du coffre, et il se redresse en quatre mouvements, interrompus par trois courtes poses. C'est que cette fois, il y a deux cadavres. Lorsqu'il n'y en avait qu'un, il s'était relevé en une seule fois. Et il est donc normal que, face à cette augmenta-

4. Pour réussir une bonne composition, il faut avoir un animal en référence : le taureau ou le crocodile pour Wayne, l'oiseau de proie pour Cooper, le mouton pour Stewart...

tion des cadavres, le nombre de ses mouvements augmente lui aussi, et qu'il réagisse plus vite...

La figure est plus brillante chez Capra, mais Cary avait déjà travaillé auparavant sur ce motif, au moins dès 1937 : alors qu'il agit très vite au début d'une scène de *The Awful Truth*, il est soudain arrêté, avec un regard plein de surprise, dès qu'il aperçoit Armand Duvalle, l'amant supposé de sa femme. Beaucoup plus tard, il décomposera ses gestes pour essayer de placer sa main dans le fauteuil ou de se frayer une place dans le lit déjà occupé (*I Was a Male War Bride*). Il y a encore de beaux effets voisins dans *Monkey Business*, quinze ans après *The Awful Truth*, lorsqu'il s'aperçoit que sa partenaire a oublié de mettre sa jupe, ou, d'une façon qui est beaucoup plus en situation, lorsqu'il vient d'avaler l'elixir de jouvence : il se gratte le front, comme si ça le démangeait. Stop. Il cligne de l'œil : on voit son regard noir fixe (Chabrol acteur le copiera). Il regarde en l'air, puis en oblique, puis saute comme le singe qu'il a comme cobaye. Le comique provient certes de la bizarreté des attitudes, mais plus encore du fait que le jeu de Grant est le moins coulé possible : il a de brusques temps d'arrêt entre chacune de ces attitudes très diverses. On dirait un film muet projeté en accéléré. Cette succession est d'ailleurs soulignée par une musique non moins saccadée. L'effet marche d'autant mieux que, jusque-là, le personnage agissait avec l'onctuosité coutumière à Grant dans les drames, onctuosité qui tendait vers le lymphatisme. Le contraste stupéfie.

2. *La gymnique*

Il s'agit, en quelque sorte, d'une extension ou d'un corollaire de la figure précédente. Ce n'est plus la contradiction entre le sprint et la pose. C'est la qualité du sprint, et du mouvement en général.

On en a un aperçu très simple au cours de la scène où Grant se met à courir, poursuivi par l'avion de *North by Northwest*. On est sidéré de voir cet homme de cinquante-quatre ans courir si vite. On le retrouvera encore dans ce genre d'exercice, à soixante-deux ans, pour son dernier film, *Walk, Don't Run* (*Rien ne sert de courir*), où il se vante un peu trop de sa bonne forme. Mais, même si l'on ne savait pas son âge, on admirerait quand même sa stylisation et sa concentration dans l'art gymnique : il ne fait que ce qu'il fait, c'est-à-dire courir. On comprend aisément qu'en vieillissant Grant ne pouvait pas se livrer à trop d'exercices divers dans le même plan. Donc, Hitchcock lui faisait fréquemment accomplir *une* prouesse sportive dans le plan, très court en général.

L'un des intérêts principaux de *North by Northwest* (ou de *Once Upon A Honeymoon*, quand les nazis apparaissent ou quand les bombes commencent à tomber) réside dans la vitesse à laquelle Grant sort du champ. C'est très étonnant lorsqu'il en sort par en bas, victime d'un coup de poing ou de revolver ou lorsqu'il tombe au sol pour éviter l'avion. Aucun acteur ne sort du champ aussi vite. On vante souvent la *présence* d'un acteur. Ici, il faut admirer sa *disparition*. C'est un art *moniste*, lié à l'âge, opposé à l'art *polyvalent* du kangourou de Bristol, plus lié à la jeunesse. La preuve de cette double opposition, on la trouverait à travers *Monkey Business* où Cary ne fait le kangourou que quand il avale sa potion de jouvence. Et cet art moniste – un seul effet par plan – coïncide très bien avec une des techniques favorites d'Hitchcock, le sur-découpage.

Mais le monisme n'est qu'une des caractéristiques possibles de la gymnastique grantienne. On en trouverait bien d'autres, surtout au temps de sa jeunesse, à commencer par le judo (à moins que ce ne soit le karaté) à un détour de *The Awful Truth*, lorsqu'il force le passage pour rentrer chez son rival. Grant se permet d'avoir le dessous dans l'affrontement avec le serviteur de l'immeuble. Il y a aussi des variantes de maturité avec le plongeon et le patinage maladroits de *Monkey Business*.

La rapidité de mouvement à l'intérieur du plan – donc sans monisme – se retrouve également dans *The Awful Truth* lorsqu'il se baisse à toute vitesse pour éviter que le piano lui tombe dessus ou (*Bringing Up Baby*) quand il essaie d'entrer dans la chambre en se débarrassant du chien : il change cinq ou six fois de suite d'intention et accumule des gags divers en quelques secondes : pure merveille de décomposition dramatique...

Il expérimente dans le même film des styles de marche fort divers et très réjouissants : il avance à petits pas lorsqu'il a revêtu la tenue de chasse d'un autre, qui ne lui va pas du tout. Quelques instants après, il marche les jambes arquées. Il progresse même à quatre pattes lorsqu'il se met au diapason du chien.

Il passe par les fenêtres (*To Catch a Thief*, *Monkey Business*, *North by Northwest*). Dans ces deux derniers films, il y a la même entrée sportive et cursive par la fenêtre, en petite tenue, dans la chambre d'une inconnue. Interférence entre Hawks et Hitchcock, qui n'est pas la seule (cf. le verre d'eau sur le front dans *Monkey Business*, et trois mois plus tard dans *I Confess*).

Dans une bande de fin de carrière comme *Charade*, on remarque une belle idée d'équilibrisme : comment ne pas faire tomber une pomme coincée dans votre cou. Mais ça fonctionne moins bien, car Stanley Donen n'a pas cherché à donner ne fut-ce qu'un semblant de relation avec le scénario à cette scène qui demeure totalement gratuite.

3. L'oblique

C'est une des figures majeures de Grant. On peut en distinguer deux formes essentielles, l'oblique en mouvement – celle du corps – et l'oblique fixe – celle du visage. Je simplifie un peu, car si l'oblique fixe est principalement liée au visage, ça n'est pas exclusif. Il peut y avoir une pose oblique fixe entre deux mouvements du corps – on l'a vu précédemment. Un bon exemple d'oblique fixe, c'est quand Grant apprend l'existence du vin empoisonné préparé par ses tantes. Il est surpris, effrayé, incrédule, stupéfait, ce qui s'exprime ainsi : il penche la tête de côté, comme si ce qu'il venait d'apprendre l'avait déséquilibré. Vers la fin du film, bâillonné, il essaie de mettre le visage de côté, en oblique, pour prévenir le policier du fait que ce n'est pas un jeu, qu'il est ligoté et bâillonné sans l'avoir voulu. L'étrangeté de la position de son visage devrait attirer l'attention du policier, l'inquiéter.

Cette figure semble avoir germé dans *Sylvia Scarlett* où, vers le début, le faux-jeton incarné par Grant déclare : « *Je n'ai pas toujours été comme ça* » en mettant sa tête de biais. Cette coïncidence de la position et du dialogue montre bien qu'il ne s'agit pas d'un effet visuel gratuit. La première fois qu'on le voit, au début de *Bringing Up Baby*, il a la main sous le menton, tel le *Penseur* de Rodin, paume en dessous au lieu du trop conventionnel paume au-dessus, et la tête très inclinée. Probablement que si la main ne tenait pas la tête, celle-ci tomberait. Il a le visage un peu en oblique lorsque Ginger Rogers lui dit qu'il est zombie et lorsqu'arrive son pseudo-rival Hank (*Monkey Business*).

Mais c'est avec Hitchcock que l'oblique fixe frappe le plus. Il faut préciser que Hitchcock, de temps à autre, ne déteste pas la pratique du cadrage oblique. Quelques ruptures avec l'horizontale, à laquelle la caméra nous a trop habitués, créent beaucoup d'effet. Aux premières minutes de *To Catch a Thief*, Grant a une position oblique, dans sa maison de la Riviera, quand la police arrive. On le retrouvera dans la même situation, à la dernière bobine, sur le toit, lorsqu'il piège Brigitte Auber. Quelquefois, c'est Grant qui est penché, quelquefois c'est la caméra, quelquefois c'est les deux – qui penchent dans le même sens bien sûr, sinon l'effet serait annulé. Ça n'a pas tellement d'importance que ce soit Grant ou la caméra qui fasse le travail. On peut soutenir que si c'est la caméra qui « débulle », comme on dit dans le métier, elle ne fait que relayer le jeu grantien, qui a inspiré le cadrage – la contagion, toujours la contagion – et lui offre une variante, évitant la redite. Notons que Grant, quand il est en oblique chez Hitchcock, se trouve rarement au centre du cadre, comme il sierait. Il est généralement en haut. L'impression de rupture n'est donc pas seulement donnée par l'obliquité, elle est aussi la résultante du décentrement.

L'oblique dans le mouvement est encore beaucoup plus impressionnante. Partons du plus banal : au début de *North By Northwest*, quand on l'a saoulé, Grant marche en diagonale, un peu comme le héros bunuelien de *El*, auquel Hitchcock semble avoir emprunté (cf. le clocher de *Vertigo*). Mais il y a mieux : Cary arrive en sautant vers son Frankenstein de frère, et va s'asseoir sur le coffre pour empêcher le frère de découvrir les deux cadavres à l'intérieur. Il est alors plié en trois. La position idéale pour Grant, c'est – en mouvement ou non – le tibia incliné vers la gauche, le fémur vers la droite, le torse vers la gauche, la tête vers nous, un bras levé en arrière, un bras baissé en avant vers nous. Une sorte de super Z. Il a des attitudes voisines dans d'autres scènes, notamment après la découverte du premier cadavre ou vers la fin. Ce Z est alors très en situation, puisque Cary doit à la fois s'occuper de sa fiancée qui veut l'attirer à elle hors de la maison, de Frankenstein qu'il veut expédier très très loin, de son cousin qui se prend pour Roosevelt, du directeur de l'asile, des policiers qui risquent de découvrir le pot aux roses, du petit flic qui veut lui faire lire sa pièce de théâtre, du chauffeur de taxi qui l'attend, du téléphone qui sonne, et j'en passe. Chacune de ces intrigues et chacun de ces personnages justifient une direction différente pour le personnage central, en l'occurrence Cary Grant, qui, sur ce film, a dû regretter de ne pas être une pieuvre : le nombre des attitudes contradictoires que peut prendre simultanément le corps humain est en effet nettement inférieur – hélas – au nombre des intrigues, des directions et des comparses imaginés par les auteurs. Si, à certains moments, il n'y a pas assez de motivations pour justifier le Z, Cary prendra des positions pliées – au niveau des genoux – ou simplement penchées. Cary Grant est l'homme plié.

Le pliage est justifié essentiellement par le rapport à l'objet – le coffre est bas, le téléphone est placé assez bas lui aussi – et l'attitude penchée est justifiée par une relation avec les humains : les deux tantes meurtrières sont très petites, et le médecin Peter Lorre est à peu près de leur taille. Contrairement à ses trois collègues, qui préfèrent des partenaires à leur taille, ou les font mettre sur des cubes, et restent parfois tout droit (Cooper surtout), le grand Cary a toujours intérêt dans ses comédies à avoir de tout petits partenaires. L'idéal, c'est l'animal (le chien de *The Awful Truth*). Et il se trouve évidemment très bien chez Hawks, le plus grand cinéaste animalier de tous les temps (et qui mourra d'ailleurs par la faute de son clebs) : singes de *Monkey Business*, léopard et roquet de *Bringing Up Baby*[5].

Notons que, parfois, il n'y a pas d'objet ni de partenaire pour motiver le pliage. Le cousin Roosevelt est très grand, mais, néanmoins, Grant se baissera pour lui parler. Dans le mouvement délirant du film, ça passe très bien quoique cela soit parfaitement invraisemblable. Comme presque tout est justifié dans le film, on croit qu'une motivation nous a échappée. Peut-être que Grant a tellement l'habitude de parler à des petits qu'il se baisse systématiquement dès qu'il trouve un interlocuteur. De même il se baisse, sans raison logique immédiate, lorsqu'il aperçoit son horrible frère après vingt ans de séparation : « *What's that ?* » (Qu'est-ce que c'est que ça ?) lui lance-t-il en le dévisageant. L'acteur est grand, mais Cary se baisse : on peut trouver cela gratuit, ou voir dans ce mouvement une forme de recul ou de dénigrement : moralement et esthétiquement, sinon par la taille, le frère Frankenstein se situe très bas.

A ce propos, je dois dire que Cary Grant doit quand même se méfier des gestuelles trop dépourvues de motif (lorsqu'il arrive avec des cadeaux dans *Once Upon a Honeymoon*) ou à la justification pas trop claire (le jeu muet, derrière la glace, avec le capitaine du même film de McCarey, dont le travail reste décidément très approximatif) : l'apparence de gratuité finit par tout gâcher.

On voit aussi Grant se plier en deux pour courir après le taxi, comme le font certains sprinters. Parfois, il marche la tête basse pour montrer qu'il réfléchit. Une fois, à force de marcher courbé, il se casse la figure. Il se penche pour signer l'acte d'internement. Il sera encore plié, les jambes en avant, lorsque, sous l'influence du cousin fou, il descendra l'escalier en jouant du clairon. Le cousin, lui, au contraire, lève le clairon vers le haut : encore un contraste très amusant qui donne beaucoup de variété au film.

L'oblique en mouvement se repérait déjà avant *Arsenic*. Non pas dans *The Awful Truth*, mais dans *Bringing Up Baby* (film capital pour Grant), lorsqu'il se penche en avant pour téléphoner (et tombe) ou pour effrayer les dames : cette position insolite et incongrue en milieu petit-bourgeois, lors d'une réunion entre amis et voisins, a en effet pour conséquence inattendue de faire peur, autant et même plus qu'une action traditionnelle visant à créer la terreur, comme le fait de brandir son arme.

---

5. On pourrait continuer : dinosaure et dragon (*Fig Leaves*), requin (*Tiger Shark*), vautours (*Only Angels Have Wings*), dindons (*Sergeant York*), poissons (*To Have and Have Not*), vaches (*Red River*, *El Dorado*), la Chose, serpent et crocodiles (*Land of the Pharaohs*), fauves (*Hatari !*), ours (*Man's Favorite Sport ?*), moustiques (*Rio Lobo*), plus le singe – Muni (*Scarface*), ce qui nous ramène au kangourou...

Il y a des motivations originales à l'oblique qui sont particulièrement intéressantes : Grant reste plié en deux sous l'effet des courbatures après une nuit passée dans la baignoire (*I Was a Male War Bride*). Dans *Once Upon a Honeymoon*, il adopte une position en S parce qu'il vient de voler une grande photo, sous cadre de verre, qu'il cache dans sa poche arrière, et le tout va se casser lorsqu'il voudra s'asseoir. Dans le même film, sa position tordue est comme confortée par la présence voisine du plus tordu des instruments musicaux : le saxophone. Le retour de la contagion. Même *Charade*, un quart de siècle après, contient deux belles figures neuves : en plus du pliage justifié par la pomme dans le cou, que j'ai évoqué, il y a celui dû à l'alcool qui lui brûle le dos, et celui qui l'aide à espionner derrière la porte.

Certes, il ne suffit pas à un acteur de se plier en deux ou de se courber pour devenir génial, mais il faut reconnaître que, parmi les acteurs de comédies, il est le seul à avoir vraiment travaillé sur ce principe. Ni Bob Hope, ni Danny Kaye, ni Alberto Sordi, ni James Stewart ne s'y sont attaqué. Et, à chaque film, à chaque scène, Grant essaie de renouveler les motivations de sa figure favorite. Oh certes, on trouve des redites. Il y a la même course, coupé en deux, vers le taxi dans *Arsenic* (1941) et dans *Charade* (1963). Mais ça n'est pas très grave. Je suis peut-être bien le premier à l'avoir remarqué. On pourrait discuter les reprises d'effets, à l'intérieur d'un même film (le Capra en particulier), mais il y a une certaine variété dans l'expression de la figure, et un grand sens du dosage : chez Grant, il y a un travail proche de la *commedia dell'arte*, qui fait que tout passe avec la vitesse d'exécution.

Ce livre à le grand tort d'être peu rigolo, alors que, grâce à Cary, *Arsenic*, suivi à quelques longueurs par *Bringing Up Baby* et *Monkey Business*, demeure un des films qui m'ont le plus fait rire de toute l'histoire du cinéma. Mais il me semble nécessaire d'autopsier le travail de Grant même si cela apparaît quelque peu arbitraire et trompeur : en dix secondes, on peut avoir un effet de pliage plus un tour de kangourou et un autre encore, que je sépare malencontreusement. Il joue sur l'impact créé par des figures surprenantes dont la plupart se révèlent, à la réflexion, parfaitement logiques. Nous rions en un premier temps de la surprise, en un second temps de la logique retrouvée et en un troisième de l'astuce créatrice de Grant. Et on rit aussi à la découverte du secret de fabrication, et, après, en revoyant le film mentalement ou pour de bon. En tout cas, il y a chez moi une grande jouissance à essayer de mettre à nu l'ensemble de la filière comique que le lecteur, j'espère, partagera.

J'ajoute qu'une figure comme l'oblique ne me paraît pas totalement innocente. Est-ce extrapoler que de la lire comme un essai de passerelle, quelque peu branlante ou rustique, ou prête à céder, entre les deux faces de Cary Grant ? que de dire que Grant semble écartelé, en Z plutôt qu'en croix, entre son image officielle et sa réalité ? L'exercice de l'art dramatique apparaît en ce cas comme une forme de catharsis. Grant essaie de vaincre ses angoisses en les exprimant sans cesse, à l'insu du spectateur et donc en toute tranquillité.

L'oblique trouve sa vraie raison d'être lorsque Grant s'allonge sur sa compagne en fin de film (*Bringing Up Baby*, *North by Northwest*), les diagonales précédentes exprimant donc une sexualité détournée, compensatrice, velléitaire.

L'oblique fait aussi référence au stress de la vie moderne, auquel sont confrontés les héros de *His Girl Friday*, d'*Arsenic* et de *North by Northwest*, un redacteur en chef, un critique dramatique et un publiciste, tous trois très occupés et très sollicités, confondant sans cesse leur identité avec celle d'un autre, souvent avec celle d'un interlocuteur téléphonique – vieux refrain hawksien. L'oblique serait la résultante de leurs multiples activités, encore plus développées grâce à une structure dramatique très complexe.

4. Le recul du regard

Quand notre héros aperçoit la photo de son frère, déjà horrible quoique bambin, il recule un tout petit peu pour mieux la voir, alors qu'elle est à vingt centimètres de ses yeux. Réaction d'hypermétrope assez normale. Je ne sais pas si Grant était hypermétrope – je n'ai pas pu retrouver les coordonnées de son oculiste, la pingrerie de mon éditeur m'ayant – hélas – refusé les crédits nécessaires à cette recherche. Mais tout donne l'impression qu'il l'était, ou, à tout le moins, qu'il a voulu jouer à l'hypermétrope.

Le gag est assez systématique, et s'applique à diverses situations : Grant s'approche du document permettant l'internement de son cousin, et recule avant de signer. Quand il rencontre le très banal Duffy, qu'il prend pour le fiancé de son ex-épouse (*His Girl Friday*), même jeu de scène. C'est encore plus drôle parce que, si c'est normal pour un hypermétrope de reculer un peu pour mieux lire un bout de papier, c'est probablement invraisemblable de reculer pour mieux voir un homme d'un mètre soixante qui est juste à côté de vous. Ici, ce qui fait rire, c'est donc l'insertion d'une réaction très naturelle dans une situation où elle ne l'est plus du tout. On peut aussi avancer que Grant considère le faux marié comme un objet, un petit objet, un peu méprisable : « *Tu as épousé ça ? Cette chose si minable ?* » A noter que c'est, sauf erreur, la première fois que l'on trouve chez Grant ce gag du recul – brechtien ou pas je l'ignore. Ce gag est le petit frère de celui où Cary se rapproche pour mieux entendre le clairon de Roosevelt qui tonne à quelques centimètres de lui. Normalement, il devrait plutôt reculer parce que c'est un bruit qui casse les oreilles, et non pas se rapprocher. Ici, cela va même plus loin : c'est une réaction *a contrario* au lieu d'être une réaction déplacée.

Une hypothèse : ce regard d'hypermétrope, apparemment inauguré dans *His Girl Friday*, proviendrait d'une scène coupée ou d'une idée avortée de *Bringing Up Baby*, tourné un an avant, et où Cary, pour la première fois de sa carrière, chaussait lunettes, s'inspirant beraucoup d'un autre grand binoclard, Harold Lloyd. Il faudrait d'ailleurs étudier toute la genèse des personnages et du jeu dans la comédie américaine (et pas seulement dans la comédie) en fonction de l'héritage du burlesque muet. C'est un gag qui durera longtemps : au début de *North by Northwest* (1958), saoul à l'intérieur d'une voiture qui fonce à toute allure au-dessus de la falaise, il a toujours ce petit recul du regard à la fois pour mieux voir le danger (mais ce n'est pas un recul de trois pouces de plus qui lui permettra de mieux voir la falaise ou le vide, d'où le comique) et pour s'éloigner de la zone dangereuse, retarder le choc ou s'en mieux protéger. Réaction également dérisoire quand on est dans une voiture qui file à trente mètres par seconde...

Il y a aussi l'exact contraire : devenu soudainement myope, il se rapproche très près du centimètre métallique pour lire une mensuration de Ginger Rogers (*Once Upon a Honeymoon*).

Encore une mimique fondée sur le décalage et l'*inversion*.

5. L'iris dans le désert

Je serais très fautif si je ne reliais pas le recul de l'œil à la qualité du regard. Ce fameux œil noisette, presque noir, qui surprend et fait peur. Je crois que si Grant est venu très tard à la couleur, ce n'est pas seulement qu'il avait peur que la couleur le vieillisse, ce n'est pas seulement parce que l'avarice hollywoodienne, encore pire que celle de mon éditeur, évitait la couleur pour les films avec super-stars (tout le monde allait les voir de toute façon) et pour ce qui n'était pas du Grand Spectacle. C'est aussi parce qu'il avait peur que la couleur lui fasse perdre la virulence de son regard noir. Effectivement, il faut toute une composition de l'image en couleurs – évacuer les teintes vives dans la profondeur du champ comme au premier plan – pour que l'iris de Grant ressorte bien.

Le système de Grant consiste à ouvrir grand l'œil pour qu'un désert blanc s'ouvre autour de l'iris, bien mis en valeur, juste après que l'acteur ait tenu le regard un peu baissé ou l'ait exclu du champ. C'est surtout un effet de surprise, avec parfois un peu de terreur aussi. Le point fort d'*Arsenic*, c'est que le personnage terrifiant n'est pas le meurtrier – les vieilles dames ou Frankenstein – mais bien Cary Grant, avec ses jeux de regard et sa gestuelle insolites, alors qu'il est en principe le seul de la maison à pouvoir être défini comme sain d'esprit. Un comparse, venu du dehors, sera d'ailleurs tenté de le considérer comme aussi fou que les autres, sinon plus.

C'est ce qu'il y a de plus facile et de plus discutable dans le jeu de Grant ; que d'yeux sombres ou durs qui tournent sur eux-mêmes chez les pires cabots du style les Trois Pierre (Blanchar, Richard-Willm, Fresnay) ! Mais chez Grant, ça marche bien parce que l'effet d'œil est enveloppé dans un package qui contient aussi le gag du recul du regard, infiniment plus neuf. Et puis parce que cet effet, souvent insupportable dans un drame, passe mieux à l'intérieur d'une comédie. Ça fait rire, et aussi ça fait rire du personnage, éventualité intolérable en tragédie.

Cet œil noir soudainement allumé ouvre la voie à plusieurs sens. Il peut exprimer la méchanceté du misogyne (*The Philadelphia Story*), la surprise (lorsque les vieilles dames d'*Arsenic* lui disent qu'elles ont empoisonné douze hommes), la terreur qu'il éprouve (lorsque le side-car d'*I Was a Male War Bride* va atterrir dans une meule ou lorsque le flic veut lui faire lire son essai théâtral) ou tout au contraire la volonté de terrifier (en l'occurrence les vieilles tantes, pour leur ordonner de ne laisser entrer personne chez elles) ou encore la prévention d'un danger que court autrui (le vin à l'arsenic près de la bouche du vieux monsieur), la jalousie (dès qu'il voit le rival Ralph Bellamy – *The Awful Truth*) et même l'autocritique exagérée (*His Girl Friday*, lorsqu'il dit à son ex-épouse qu'il avait été un mauvais mari) ou encore la difficulté à accomplir une action physique (la pomme de *Charade* coincée dans le cou).

L'impact de l'œil noir est parfois accru par un jeu de chevelure, qui permet de l'insérer dans un vaste déploiement comique à plusieurs volets dépassant la facilité du gag unique. Sa mèche noire ou même deux mèches noires (à la prison, dans *Bringing Up Baby*) lui tombent sur le front en même temps qu'il lance son jeu d'iris meurtrier.

6. Le prestige du celé

Des yeux, je passe au visage, pour constater que celui-ci importe surtout quand il est caché, ou à demi caché. Chez Hitchcock surtout. Le héros de *To*

Catch a Thief espionne. Il se cache souvent derrière une vitre, un mur. N'apparaît que le haut de son visage, les yeux bien sûr. Ce visage à demi caché permet donc, d'une part de faire mieux ressortir le fameux regard, et d'autre part de créer l'inquiétude en raison du manque qu'il fait apparaître. C'est une variante du principe de *Suspicion* : une joue obscure, une joue claire. Toujours la dualité.

C'est encore plus évident à la fin de *North by Northwest*, où Hitch joue sans cesse du côté inquiétant et du côté comique de ce demi-visage qui apparaît et disparaît brusquement. Grant surveille James Mason et sa bande depuis le toit d'une aile de la maison. On ne voit que le haut de son visage, seul éclairé. Ou bien, il se baisse derrière un élément d'architecture – tuile ou mur – pour éviter d'être aperçu. En même temps que le danger grandit pour sa complice Eve, coincée à l'intérieur de la maison, la tête de Cary Grant grandit elle aussi, puisqu'il se redresse un petit peu, et que l'on voit, non plus seulement ses yeux, mais aussi sa bouche : il voudrait essayer de parler à Eve, malgré la distance et malgré la proximité de Mason. Puis la tête de Grant se baisse à nouveau. Ces entrées et sorties partielles de la tête, par le bas du cadre, se retrouvent à l'identique dans une scène d'*Arsenic* et dans une de *North by Northwest*. Cary y est plus ou moins caché derrière un guichet – pour le premier film, celui du bureau des mariages, pour le second, celui du vendeur de billets à la gare. Grant ne veut pas être reconnu. Et, dans les deux cas, il essaiera de se dissimuler, non seulement grâce à ses mouvements verticaux mais aussi derrière des lunettes noires.

Il arrive parfois que le visage n'ait pas à bouger pour être expressif : vers la fin d'*Arsenic*, peut-être suite au choix d'un objectif particulier, il semble avoir la tête toute ronde lorsqu'il regarde Witherspoon. Ailleurs, sa tête est très allongée tandis qu'il répète le mot « *twelve* », en référence aux douze victimes de l'arsenic. Certains plans de *The Philadelphia Story* le font ressembler à un croque-mort.

Il ne faut pas oublier non plus l'apport indispensable à cette transformation du visage qui est créé par les accessoires.

7. Le couvre-chef

C'est effectivement lui qui joue le rôle primordial, beaucoup plus que les lunettes, présentes, on l'a vu, dans *Bringing Up Baby*, *Monkey Business*, et, plus brièvement dans *Arsenic*, *North by Northwest*, *The Grass is Greener*.

Le chapeau sert en général à le rendre ridicule. Ce peut être le chapeau emprunté par mégarde au mort (*Arsenic*) ou à son rival, trop grand pour lui bien sûr et trop rond (*Awful Truth*) : il aura l'air de l'espion russe mythique. Ou bien encore le haut de forme écrasé ou le filet à papillons sur la tête (*Bringing Up Baby*). Ou même il mettra son chapeau à la Gary Cooper (*This is the Night*) : comme Cooper rendait très bien au box-office et ne pouvait pas dépasser le rythme – déjà inhumain – de quatre films par an, la Paramount le faisait remplacer par Grant dans quatre autres films. Il y a aussi le pittoresque, chapeau blanc à bande noire (*Sylvia Scarlett*), un curieux mouchoir-turban (*Gunga Din*), le chapeau sud-américain à larges bords (*Only Angels*), le képi français (*I Was a Male War Bride*), la casquette du Français moyen (*Once Upon a Honeymoon*) et celle, plus banale de *Sylvia Scarlett* et *Walk, Don't Run*, le chapeau noir qui gonfle le visage et le rend antipathique (*In Name Only*, *The Philadelphia Story*). Tout le contraire de Cooper et Wayne, qui ont presque toujours un couvre-chef à peu près identique.

L'élément de costume grantien le plus typique demeure le costume rayé, en vertical ou en horizontal. Ça peut-être un complet, mais aussi bien un pull ou un pyjama. Le plus souvent, cette particularité donne en même temps une impression de recherche et aussi de rigueur. Elle peut déboucher, nous l'avons vu, sur la notion de bagnard en puissance (*To Catch a Thief*) ou apporter un sens, très hitchcockien, d'homme marqué par l'adversité, par les éléments extérieurs. C'est comme un rappel des ombres parallèles des fenêtres croisées et des volets dont a abusé le cinéma expressionniste.

8. Le zoomorphisme

J'ai déjà abordé le rapport avec l'animal, très souvent hawskien. Je dois ajouter qu'il s'exprime principalement à travers le son. Cela débute avec *Bringing Up Baby*, où il rugit face au chien sur les marches de l'escalier. Il semble danser avec le cabot de *Once Upon a Honeymoon*. Il montre les dents à la presse qui l'accule (*Arsenic*). Il hulule de plaisir quand il apprend qu'il n'est pas membre de cette famille de fous. Il semble aboyer (*Monkey Business*) lorsqu'il est amené à jouer aux Indiens. Il rugit dans le téléphone, rien que pour lancer un « *Hello !* ».

A vrai dire, la ressemblance avec l'animal n'est qu'un des moyens pour Grant de se rapprocher du sauvage, et de l'état de nature. Le stress de la vie moderne fait retourner l'homme à l'état primitif, soit par besoin de compensation, soit parce que c'est l'aboutissement inéluctable d'un monde gagné par la vitesse et qui, à force d'artifice et de sophistication, rejette l'humain. Ce n'est pas forcément l'animal, ce peut être un autre primitif : l'Indien, comme dans la fameuse scène de *Monkey Business*, copiée d'*Arsenic* où il se contorsionnait toujours en de très beaux Z en lançant ses regards noirs. A part que, dans *Monkey Business*, ce n'est plus Cary qui est ligoté en l'attente de la torture, c'est son rival. Toujours la contagion...

Dans *Arsenic*, il essayait de parler malgré son bâillon. En d'autres occasions, il essaiera en vain de siffler pour prévenir sa femme comme convenu, ou tout simplement de parler (*Bringing Up Baby*) lorsqu'il ne peut pas en placer une face au psychiatre ou à l'assemblée des dames dans la maison de campagne ou encore dans la prison avec Katharine Hepburn. Cette impossibilité de s'exprimer, suite au bâillon, à la surprise ou à la concurrence, le range dans une catégorie sous-humaine et se révèle d'autant plus drôle que Grant, à travers la plupart de ses comédies, demeure celui qui parle tout le temps. C'est bien fait pour lui s'il ne peut plus parler, ça lui fera les pieds, se dit le spectateur qui en a peut-être marre de sa volubilité, ça change un peu. Et les mimiques de Cary redoublent, faute du moyen de communication le plus usuel qu'est la parole.

Ou alors il arrive à parler, mais c'est pour lancer des onomatopées qui n'appartiennent qu'à lui, le « *hou hou* » au téléphone (*Arsenic* ou *His Girl Friday*), le « *mm* » continu qu'on rencontre dans ce dernier film comme dans *North by Northwest*, un « *mm* » qui, en général, signifie oui.

Variante : il a tellement parlé, ou il est tellement stupéfait que – jouant toujours avec le feu – il ne peut plus arriver à sortir que des sons très féminins, notamment quand il a peur que ses tantes appellent la police, comme elles se le proposent. Et il y a bien sûr *I Was a Male War Bride*, où le travestissement de la voix est volontaire.

9. Le chœur

Parfois, Grant joue en tant qu'élément d'un ensemble. Il fait partie du groupe des Trois Pierrots, qui, avec Katharine Hepburn et Edmund Gwenn, donne sa représentation (*Sylvia Scarlett*). Il s'oppose en cela à Wayne et surtout à Cooper qui (sauf dans *Design For Living*), jouent toujours, en grands individualistes solitaires, un tout petit peu en marge de leurs partenaires. Même quand il y a une très bonne entente avec l'actrice principale, leurs compositions dramatiques, bien opposées, ne fusionnent pas. Elles se complètent, avec généralement un petit avantage pour Wayne et Cooper. Dans le cas de Cary Grant, il en va tout autrement. C'est un ensemble à deux têtes, ou à trois têtes, comme les membres d'un ballet.

Le meilleur exemple que l'on pourrait donner de cette fusion, c'est la fameuse scène de *Bringing Up Baby* (recopiée par *Monkey Business*, en mineur) où, dans le restaurant, Grant fait plusieurs gestes, puis deux pas en avant, deux pas en arrière, se collant derrière Katharine Hepburn, dont la robe s'est déchirée, afin que les convives ne puissent voir ses fesses. Merveilleux moment qui emprunte à l'art du danseur de tango et à celui du toréador (le chapeau protecteur remplaçant la muleta). Il a tous les avantages du ballet sans en avoir les inconvénients, c'est-à-dire le côté conventionnel, irréaliste, et prévu d'avance. Quand on va voir un ballet, on s'attend à trouver ça. Mais quand on va voir *Bringing Up Baby*, on est plongés (tout au moins jusqu'à cette séquence) dans une reproduction de la vie réelle, et c'est une excellente surprise que d'y trouver, à un détour de la pellicule, la quintessence de la danse, du ballet et de la tauromachie, sans qu'il y ait aucun des trois à proprement parler. Cette scène doit autant à Katharine Hepburn qu'à Cary Grant, et, en conséquence, on pourrait être tenté d'en attribuer tout le mérite au réalisateur. Mais je crois qu'il est un peu bête de vouloir séparer les responsabilités. Il s'agit d'un véritable travail collectif, où le défaut d'activité créatrice d'un seul membre – même pour un instant – entraînerait l'échec de la scène. Comme pour le spectacle de *Sylvia Scarlett*, il s'agit d'une entreprise où l'acteur ne tire pas toute la couverture à lui, et se fond dans un ensemble. Un art altruiste, dont, contrairement à sa réputation, Cary Grant se révélera le chantre tout au long de sa carrière. Il se fera tout petit face à l'autre partenaire masculin de *The Philadelphia Story* – du jamais vu ! – ou il laissera un singe lui ravir la vedette (*Monkey Business*).

C'est de cet art dont participent *Arsenic* – tout le monde agissant de façon aussi folle que lui, et aussi vite – et *The Awful Truth* (cf. le lever simultané des deux époux au tribunal des divorces).

Un prolongement de ce principe nous sera fourni avec *His Girl Friday*, où le duo s'exprimera aussi dans le temps – à l'occasion d'un long plan-séquence d'une minute quarante-sept secondes. Rappelons que les personnages du film parlent sans discontinuer à la vitesse d'une mitraillette : dans ce plan, pas moins de vingt-huit sous-titres pour traduire les seules répliques de Cary Grant... Rosalind Russell entre par la porte à droite, et se dirige vers la gauche, suivie par son ex, Cary bien sûr, qui essaie de la persuader de faire un reportage pour son journal (et par la même occasion de la récupérer en tant qu'épouse). Le discours de Grant détermine un premier arrêt de Rosalind Russell, puis un second arrêt, et ensuite elle reviendra vers la droite à la période d'acceptation. Elle commence par s'éloigner de Grant, ensuite elle va vers lui. Dans ce genre de scène, les deux acteurs ne font qu'un. Ils sont toujours à quelques centimètres l'un de l'autre, et ils ne peuvent se permettre de concevoir une seule seconde de leur jeu sans tenir compte de la réaction de l'autre, même si la scène contient des éléments très profitables pour Grant (par exemple, pour amplifier son discours selon lequel Rosalind atteindra les plus grands honneurs, Cary met la main dans son gousset, style Napoléon, position idéale pour une statue, et dirige son cigare vers les cieux, le tout en un clin d'œil). Le recours au plan-séquence, que peu d'acteurs auraient pu tenir aussi longtemps – et aucun autre aussi bien – s'impose parce qu'il s'agit d'une scène où s'opère le revirement psychologique d'un personnage. Même si cette durée – une minute quarante-sept secondes – est très courte en soi, elle est très longue par rapport à un film normal. On est happés par la continuité, pleine de vie, du discours de Grant et de la scène, et on accepte mieux ce changement – par ailleurs totalement invraisemblable en ce laps de temps – qu'à travers une suite banale de dix plans. La longueur du plan (par rapport au cinéma normal) nous donne l'impression d'une longueur bien plus considérable. Nous ressentons ces deux minutes comme une demi-heure ou une heure, durée plus susceptible de permettre un changement psychologique. Ce jeu d'équipe se trouve conforté par une sorte d'osmose, qui est comme la panacée de la contagion : un acteur n'est jamais aussi grand que quand ses partenaires se mettent à jouer comme lui. Le frère-Frankenstein s'assoit sur le coffre exactement comme lui. Le ponte de la police aura une réaction retardée, lui aussi, quand il saluera par mégarde le faux-Roosevelt. Jusqu'à Hugh Marlowe, son rival de *Monkey Business*, qui copie son jeu d'*Arsenic*. Et pour parfaire le tout, Grant reprendra à son compte la descente d'escalier en trombe de Roosevelt. Le triomphe de Grant passe par la perte d'identité : nous sommes tous Cary Grant.

10. Miscellanées

Je m'aperçois un peu tard que j'ai oublié bien d'autres facettes de l'art grantien. Je sais que celui-ci est si étendu qu'il me paraît impossible d'être exhaustif sur ce sujet. Néanmoins, je voudrais attirer l'attention sur quatre figures intéressantes :

– *le doigt en avant*, présent dans tous ses films.

– *le rire faux* (*This Is the Night*, *Sylvia Scarlett*, *Arsenic*) dont le plus beau est sans doute celui, très forcé, dents ouvertes, au casino de *To Catch a Thief*.

– *l'immobilité dans le mouvement* : il se tient tout droit, absolument fixe, dans un véhicule (auto ou moto) qui file à toute blinde, en fond de champ derrière la forêt en premier plan. C'est un contraste très drôle, spécifiquement hawksien (*Bringing Up Baby*, *I Was a Male War Bride*), dont le comique provient surtout du fait qu'on ne voit que le haut de son corps : c'est un homme-tronc qui file à toute allure...

– *le geste déplacé*, dont on a eu un petit avant-goût : lorsqu'il téléphone, il parle à sa main gauche au lieu de parler devant le combiné. Ou, dans *Bringing Up Baby*, le geste du toréador, ou le grand Cary qui lève le doigt comme un écolier pour essayer d'interrompre ses partenaires si volubiles ou qui saute encore comme un petit enfant pour exprimer son intention de se marier le lendemain.

Le déséquilibre, l'oblique, l'écartèlement... Un prélude à Hulot.
(*I Was A Male War Bride*, 1949).

Grant première manière, vu par Sternberg : gomina, visage lisse.
(*Blonde Venus*, 1932).

Le chapeau ridicule, la tête de croque-mort.
(*Sylvia Scarlett*, 1935).

Nouvelles variations sur l'oblique : même les accessoires entrent dans le jeu.
(*Bringing Up Baby*, 1938).

Obliques de Grant, oblique de l'arbre...
(*Arsenic and Old Lace*, 1941).

De la contagion : Grant droit, mais des obliques partout ailleurs. Grant ne doit jamais être dans la même ligne que le décor.
(*Once Upon a Honeymoon*, 1942).

Le corps déformé, incertain. Le film le plus mystérieux.
(*An Affair to Remember*, 1957).

L'art de se baisser très vite.
(*North by Northwest*, 1958).

Derniers films : Avant de coincer la bulle, l'art de coincer la balle.
(*Charade*, 1963).

Quatre mains : encore un effet de contagion.
(*No Highway in the Sky*, 1950).

JAMES STEWART :
L'HOMME DE MAINS

James Stewart apparaît au firmament du monde cinématographique en 1938, avec le film de Capra, *You Can't Take it With You* (*Vous ne l'emporterez pas avec vous*), qui rafla l'Oscar du Meilleur Film. Cette célébrité s'établit un peu en porte-à-faux : tout d'abord, Stewart ne tient que le quatrième rôle du film, après Lionel Barrymore, Edward Arnold et Jean Arthur. Et surtout, bien qu'il soit le prototype du rêveur indolent, son personnage appartient au monde des nantis, alors que sa fiancée vit dans une famille de marginaux, avec lesquels il se sent tout à fait à l'aise. L'intérêt est donc centré sur le conflit entre les chefs des deux groupes opposés, Stewart servant à les mettre en liaison. Son rôle eut été plus fort si son personnage avait reproduit la mentalité des riches, alors que c'est l'inverse.

Ce côté bancal est accru par le fait que Stewart n'a pas encore trouvé sa *ligne* en tant qu'acteur. Avec sa partenaire Jean Arthur, il copie Cary Grant (et elle Katharine Hepburn) en traversant le restaurant, collé derrière elle afin de masquer l'inscription risible qu'elle porte dans son dos, quelques mois après la scène similaire – et plus réussie – de *Bringing Up Baby*. Le deuxième film qu'il tourne avec Capra, *Mr Smith Goes to Washington*, comporte quelques plans – notamment lors de la rencontre houleuse avec la presse après la publication d'un article moqueur à son égard – qui l'apparentent à son grand ami Henry

Fonda : ses cheveux tombent sur le front, et se rapprochent des joues, ce qui amincit beaucoup son visage. On croit reconnaître l'homme traqué et révolté de *You Only Live Once*. A un moment de *You Can't Take it With You*, il a, sur une partie du front, la petite mèche célèbre de Gary Cooper, protagoniste du premier *Shopworn Angel*, dont Stewart vient d'achever le *remake*. En plus, Mr. Smith, Capra aidant, est le proche cousin de Mr. Deeds.

Cette proximité peut être reliée au fait que Cooper, Fonda et Stewart sont tous les trois des Taureaux. J'ai toujours eu le plus grand mépris pour l'astrologie jusqu'au jour où je me suis rendu compte que la plupart des grands acteurs (Fonda, Welles, Gabin, Fernandel, James Mason) étaient nés sous ce signe. C'est trop pour qu'on puisse invoquer le hasard, surtout si l'on songe que Capra était né un 19 mai, un jour donc avant Stewart, et que Borzage (qui confia à J.S. le premier rôle de *Mortal Storm*) faisait partie de la même cuvée : c'était vraiment la grande famille...

Dès *You Can't Take*, l'individualité de Stewart commence parfois à se manifester : ses jeux de mains originaux ont souvent une signification précise. Ainsi, la danse de ses doigts sur la table constitue une allusion directe aux invités qui s'amusent chez son futur beau-père. Le travail sur le geste reconverti est très réussi : il lève la main vers le garçon employé chez son père, comme pour le gifler. Il renonce à son impulsion primitive, et récupère en quelque sorte son geste, pour ne pas avoir l'air idiot : dans la continuité du mouvement, il en arrive... à brosser sa veste.

Ce travail sur la main est assez fort dans une scène d'un film légèrement postérieur, *Made for Each Other* (1939) : il apprend à sa mère qu'il est marié avec la fille à côté de lui, en levant le pouce en alternance vers lui et vers son épouse. Dans le même film, on trouve un principe identique, mais avec la tête cette fois : il fait saisir au spectateur qu'il a compris le discours allusif de sa femme signifiant qu'elle est enceinte, simplement en baissant la tête quatre fois de façon saccadée. Avant, nous n'étions pas sûrs du sens réel de ce discours. Ce mouvement accusé et mêlé d'émotion nous fait tout comprendre. Le grand art consiste à supprimer la parole, à tout dire par le geste, surtout lorsqu'il s'agit d'événements importants : un mariage, une naissance.

Dans *You Can't Take*, particulièrement audacieuse est son obstination à rester la bouche ouverte sans parler. Ce dernier trait permet de bien situer le personnage : c'est le Naïf capraesque, déphasé et ahuri. Voilà qui convient parfaitement à Stewart, lequel, dans la vie manifeste un tempérament de rêveur, et dont le physique, avec ses larges joues un peu creusées en direction d'un menton voyant, à mi-chemin entre Jerry Lewis et Eddy Merckx, et son côté échalas, donne bien l'impression de candeur.

Au Naïf riche de *You Can't Take*, auquel on ne peut guère s'identifier, succède, dans *Mr. Smith Goes to Washington* (*Monsieur Smith au Sénat*, 1939), un Naïf plus proche du commun des mortels, avec lequel on sympathise assez facilement, d'autant qu'il sera cette fois une victime, que l'on souhaite voir triompher de l'adversité. C'est, au sens littéral du mot un « boy scout », nommé sénateur, et dont la naïveté, et l'incompétence en feront, à coup sûr, le parfait *yes man*. Mais il se prend au jeu, et, au terme de son intervention-marathon devant la Haute Assemblée, il torpille une scandaleuse opération immobilière, fondée sur un complot ourdi par un autre sénateur, dont il est le protégé.

Ce nouveau film est infiniment plus fort que *You Can't Take*, où, faute d'émotion, la démagogie était trop évidente, limitée à elle-même et alliée à un matériau théâtral plein de ficelles. L'émotion est ici accrue par l'évolution du personnage, qui n'existait pas dans *You Can't Take*. La démagogie est certes présente dans *Mr. Smith*, en filigrane, mais elle est comme effacée par le brio du réalisateur et de l'acteur. Le Bien triomphe toujours du Mal mais la victoire finale – obtenue au prix d'une lutte longtemps incertaine – laisse moins de traces dans les esprits que la longue révélation des magouilles et des réactions humaines qui les facilitent.

Le Smith créé par Stewart constitue l'un des exemples les plus réussis d'*overplaying* au cinéma, mais cet excès dans le jeu n'est pas comparable à celui du Jannings murnalien de *Letzte Mann* ou à celui de Brando dans *Missouri Breaks*, films où le personnage accomplit des actions somme toute banales, ce qui aurait parfaitement pu justifier une composition sobre ou un peu en retrait. Smith bat le record de durée d'intervention au Sénat. Il fait un numéro pour influencer son auditoire. Il est donc en représentation, en représentation exceptionnelle. Plus discutable serait la composition du Smith très naïf en tout début de film. Devant les journalistes de Washington, il imite le cri des oiseaux, ce qui lui vaut un beau succès auprès des médias et aussi auprès des spectateurs du film. Mais cet aspect caricatural est amendé par l'évolution du personnage vers la gravité. L'*overplaying* initial est donc lié à la futilité de Smith, à son manque de maturité. On peut dire qu'il sera vite renié, après en avoir fait valoir tous les avantages.

Péquenaud perdu au sénat, Smith bafouille souvent. Il bégaye. Dès la première séance, il commence par un « *Be... because* ». On trouve un peu plus loin des « *But... but* ». En plein Sénat, après un « *Jeez* » inconvenant en pareil lieu (cela veut dire quelque chose entre « *Bon Dieu* » et « *Bordel de Dieu* »), il trébuche sur un mot un peu rare, qui relève du vocabulaire juridique, « *To convene* » (se réunir) qu'il répète avec un manque d'assurance très amusant. Après, le bégaiement aura une tout autre raison que le trac ou le manque de pratique : la fatigue du marathonien de la parole. Un même principe – le balbutiement – renvoie donc à deux états successifs de l'évolution de Smith. On trouve des variantes de cet effet double dans la voix très chevrotante[1], très fluctuante avec laquelle cet homme intimidé parle de « *law proposal* » et dans la voix cassée avec laquelle, vers la fin du film, il termine son exceptionnelle performance vocale. Pour parfaire l'évolution, il devient un magnifique orateur, très convaincant grâce à sa sincérité. Il y a là, bien sûr, de quoi flatter le public qui voit le film : cela veut dire que n'importe qui, sans apprentissage de l'éloquence, peut devenir le meilleur orateur du monde s'il croit en ce qu'il exprime.

En fait, Stewart utilise systématiquement *toutes* les possibilités qui lui sont offertes par le rôle et l'évolution du personnage : il joue de sa respiration, qu'on entend parfois très nettement, s'étrangle au point de tousser, porte des vêtements longs qui le rendent encore plus ridicule, exhibe une barbe de plusieurs jours alors que son discours au Sénat n'est quand même pas si long, modifie sa coiffure – très stricte au début, ensuite romantique à la Fonda, ébouriffée à la fin, où il est même débraillé, ce qui suffit à transformer totalement Smith. Il est d'abord tout droit, puis, avec la fatigue, il prend des positions de plus en plus obliques, cassées ou tordues, comme un Gary Cooper qui deviendrait Cary Grant. Il penche souvent la tête vers sa droite, s'aidant parfois de la main. On retrouvera cette prédilection pour la droite dans la plupart des films de James Stewart. Il lève la main, d'abord pour prêter serment, et ensuite, à plusieurs reprises en direction du Président de séance : si Cary Grant était l'acteur du doigt tendu, James Stewart est l'acteur de la main tendue, qui amplifie une réplique, annonce une protestation, une accusation, une prise à témoin. Pour cette raison, les grandes salles publiques (la réunion électorale de *Liberty Valance*) ou les tribunaux (*Anatomy of a Murder*) lui seront très favorables.

Malgré cette expansion multiforme deux heures durant, Stewart ne fatigue pas : il alterne ses numéros avec des plans de fixité complète. Durant le discours du businessman Edward Arnold, il demeure rigoureusement impassible (ce qui correspond à une réalité précise : Smith essaie de comprendre) et fait tout pour son partenaire, qui cabotine à plein. Ce qui met d'autant plus Stewart en relief lorsqu'il se redresse à la fin... imité par la caméra de Joseph Walker, qui, en général, se garde bien d'accompagner un mouvement aussi réduit. Capra le laisse même un bon moment dans l'ombre, durant la scène de la serre.

J'ai gardé pour la bonne bouche le morceau de bravoure. L'une des idées maîtresses du film, c'est que, quand Smith est amoureux, il triture son chapeau.

1. Qui donnait déjà de beaux effets dès *Born To Dance* (1936).

Une idée qui a l'air idiote, à première vue, mais qui se révèle d'une rare efficacité. Elle rappelle la synecdoque – la partie pour le tout – chère à Lubitsch, chez qui les ouvertures de portes, le contenu des assiettes (cf. *Angel*) expriment les sentiments des personnages bien plus que les visages ou les corps. La condition *sina qua non* de l'efficacité du procédé, c'est – évidemment – que le sentiment soit exprimé *uniquement* par l'objet, jamais par le visage, ce qui ferait redondance. Et c'est au spectateur de deviner le sens profond du mouvement du chapeau. Il y a donc ce plan magnifique, long de trente-sept secondes, où, dès que Smith a aperçu la fille du sénateur, on voit, en cadrage serré sur l'objet, et en mouvement perpétuel (ce qui représente un tour de force technique), la main de Stewart ramasser le chapeau, le mettre sans aucune raison derrière son dos. Le chapeau tombe, la caméra suit. James Stewart le ramasse, le tripote à nouveau, le met sur la tête, le rattrape à nouveau lorsqu'il tombe, le tout illustrant un dialogue anodin. Ce n'est qu'à l'avant-dernier de ces huit mouvements qu'on aperçoit, l'espace d'un instant, la tête de Stewart. Cela nous prouve que c'est bien Stewart qui a joué la scène, et pas une doublure. Et surtout, voilà qui fournit une référence directe au véritable sujet du plan, Stewart, ironiquement évoqué en un quart de seconde, alors que le faux sujet, le chapeau, est seul visible tout au long des trente-sept secondes. On pourrait certes dire : ça fait un peu trop morceau de bravoure. Mais notre plaisir est extrême devant la jonglerie de ce virtuose.

Et puis la complicité entre le film et le spectateur est concrétisée : nous avons la fierté d'avoir pu comprendre tout seuls, sans le secours du dialogue, rien qu'en voyant le jeu de mains de Stewart, que Smith était tombé amoureux, ce que cet idiot de Smith ne soupçonne même pas. Cet appel à l'orgueil du spectateur peut sembler dérisoire, mais il n'empêche qu'il renforce notre participation au film, ainsi que notre émotion, qui ne cessera de se développer jusqu'au dernier plan, avec parfois nos larmes.

Il faut, à cette occasion, mentionner la part importante que tient le chapeau dans le cinéma américain classique. Nous en avons déjà eu un aperçu avec Cary Grant. Le choix du chapeau permet de définir tout de suite un personnage. Dans son livre *James Stewart*[2], Doug Headline mentionne qu'avant *Two Rode Together*, à la toute première rencontre entre les deux hommes, sans préambule aucun, Ford avait commencé par montrer à Stewart, non pas le scénario, mais le chapeau à très larges bords un peu ridicule que l'acteur devait porter... Je dirais presque : on choisit d'abord le chapeau, et ensuite l'acteur. Et puis, il y a la façon de le mettre, à chaque

2. Ed. Veyrier, 1991, p. 297.

séquence, qui peut donner des colorations très diverses à un même personnage. Si le chapeau est large, et baissé vers le front, une partie du visage reste dans l'ombre, et cela fait du personnage, nous l'avons vu, une idée, un mythe plus qu'un être humain en chair et en os. Montre-moi ton chapeau et je te dirai qui tu es. Le problème, c'est que l'écroulement du marché du chapeau a fait qu'aujourd'hui nous ne sommes plus sensibles à chaque nuance psychologique née du jeu avec l'objet. On peut même en tirer des conclusions fausses : le képi des légionnaires, avec sa bande de toile antisolaire, fait rigoler en 1993 alors qu'il inspirait le respect ou l'admiration à l'époque de *Morocco*. Finalement, on peut affirmer que le seul dommage, et en même temps l'épouvantable catastrophe créée par la disparition du port du couvre-chef, ce n'est pas la faillite de la chapellerie et la mise au chômage de ses salariés, mais la perte d'une ressource essentielle de l'art dramatique, accompagnée d'un lourd déficit dans la compréhension du patrimoine.

La saga du chapeau continue d'un film à l'autre : dans *The Shop Around the Corner* de Lubitsch, tourné la même année, Stewart, dès qu'il aperçoit Margaret Sullavan au café, se met à triturer son chapeau pendant quelques secondes. Le spectateur qui a vu *Mr Smith* en déduit automatiquement que Stewart est amoureux – sans le savoir – de Sullavan, qu'il épousera d'ailleurs à la dernière bobine. C'est là un bel exemple du *private joke* américain, non moins fréquent que le *private joke* de la Nouvelle Vague, mais moins lisible par nous en raison de l'éloignement spatial et maintenant temporel. *Private joke* à l'initiative, plus que du réalisateur, de l'acteur. Ainsi, la pièce de monnaie (héritée de *Scarface*), qui, à deux faces et sans pile, décide du sort du même Thomas Mitchell, dans un autre Hawks, *Only Angels Have Wings*, et ensuite, trois mois plus tard, filmée debout au centre d'un très gros plan, dans *Mr. Smith*, où elle a, cette fois, pile et face.

Le film de Lubitsch est fait de plans assez longs, ce qui a permis un tournage très rapide, avec une moyenne de trois minutes quarante-cinq secondes de film utile par jour. A l'encontre de Wayne, ou de Cooper, qui aurait eu du mal à retenir toutes ses répliques, Stewart, acteur venu du théâtre, va se sentir très à l'aise dans le plan long ou le plan-séquence, qui l'avantage. Il peut hésiter, bouger entre chaque réplique, ce qui le fait devenir très humain. Lors de sa première rencontre avec Margaret Sullavan, il y a un plan fixe de plus d'une minute[3].

3. Chez Capra, on ne trouve guère ce genre de performance. Il semble qu'il tournait parfois des plans d'une certaine durée, mais il les entrecoupait au montage en utilisant des plans d'autres personnages qui faisaient tomber la tension fondée sur la durée. Capra voulait être plus fort que les autres réalisateurs en étant plus rapide qu'eux, en faisant entrer le plus d'action possible dans le minimum de temps.

Cette respiration du plan long, on la trouvera dans la scène du café, où on remarque un moment un principe très original : Sullavan et Stewart se parlent dos à dos, assis chacun à leur table, tournant légèrement la tête lors d'une réplique, avant que Stewart vienne se placer en face d'elle. Le tout en deux plans longs reliés l'un à l'autre – grâce à une coupe presque invisible, en cours de phrase, ce qui fait qu'on a vraiment l'impression et la tension d'un plan-séquence. Je crois que c'est, entre autres, cette excellence dans la durée qui poussera Hitchcock à choisir James Stewart pour *Rope*, où les plans font en moyenne sept minutes, l'antépénultième atteignant dix minutes six secondes. A vrai dire, la performance est réduite de moitié pour les comédiens, puisque Hitchcock nous montre certains acteurs dans la première partie du plan et d'autres par la suite. C'était quand même une première mondiale à laquelle il eut été idiot de ne pas convoquer James Stewart, l'acteur américain le plus doué en la matière. Après, on trouvera – entre autres – un étonnant une minute trente-trois dans *Anatomy of a Murder*, et le fameux quatre minutes neuf de *Two Rode Together*, plan fixe d'une longue conversation avec Richard Widmark, que les techniciens filmaient depuis le milieu d'une rivière.

Le film de Capra était centré sur la performance de Stewart-Smith. En revanche, dans le Lubitsch, bien qu'il soit toujours – en temps d'apparition et au générique – le personnage principal, J.S. demeure beaucoup plus intégré au film. Le véritable sujet, ce n'est pas lui, c'est la vie d'une petite entreprise. Donc une réflexion à la fois élogieuse et ironique sur le capitalisme, comme chez Capra. Le caractère le plus intéressant n'est d'ailleurs pas celui de Stewart, petit employé modèle devenant patron, mais celui de Rudy, l'adolescent à la fois naïf et arriviste en lequel Lubitsch se reconnaissait.

Ce qui est étrange dans ce film, *a priori*, c'est le choix de Stewart. Voici un acteur qui personnifie l'Amérique, l'Américain moyen, à la limite de la caricature, avec sa voix traînante, d'arrière-gorge, parfois fortement nasale, ses accents toniques très accusés, qui ponctuent toujours son étonnement naïf et indigné : il croit toujours être sans faute, et s'emporte lorsque l'on met en question sa bonne foi, comme dans l'affaire de sa signature contrefaite sur un acte immobilier (*Mr Smith*). Lui, le grand champion de la naïveté et de la suffisance yankee, on lui confie, chez Lubitsch, un rôle de Hongrois en Hongrie...

Avec *The Mortal Storm*, tourné en 1940, Borzage prend le train en marche : J.S. devient, cette fois, un Allemand en lutte contre le nazisme. Il continue à parler anglais comme si de rien n'était tout au long de ces deux films, à l'image de ses partenaires de *The Shop*. Cette américanisation systématique des protagonistes se rencontrait fréquemment dans le cinéma hollywoodien. Tout juste baisse-t-il le ton, évite-t-il les syllabes trop accentuées, qui feraient à l'évidence très « *USA* » : dans *The Shop*, sa voix, tout en restant très audible, est proche du murmure.

Pour *The Mortal Storm*, la tactique est un peu différente : les partenaires de J.S. parlent un anglais très sec, très dur, censé évoquer le côté rauque de la langue allemande et l'inhumanité de l'hitlérisme. A leur première appartition, James Stewart et Robert Young rentrent dans le plan par en dessous. Le nazi Young se lève d'un seul coup, droit comme un I, on dirait un robot. Quelques secondes après, Stewart, lui, se redresse avec mollesse et naturel. Un clivage – très artificiel évidemment – s'établit entre les mauvais nazis à l'américain germanifié, et les bons Allemands anti-nazis comme James Stewart, qui parle un américain presque caricatural. Ou en tout cas, qui semble tel dans ce contexte germanique. On a l'impression que Stewart est bon et anti-nazi parce qu'il est américain. Bref, au lieu de trouver, en face des mauvais Allemands, de bons Allemands, on a de bons Américains...

The Mortal Storm est peut-être le film où J.S. est le plus lié au groupe. La problématique du film, c'est : est-ce que Stewart pourra toujours, malgré les hitlériens, entrer au domicile de la famille Roth ? Hors la famille, point de salut. Ce Stewart jeune, élément de groupe familial (*You Can't Take it With You*, *It's a Wonderful Life*, et plus tard *The Man Who New Too Much*) ou professionnel (*The Shop Around the Corner*) contraste avec le Stewart individualiste qui naît dès *Mr. Smith* et dominera dans les années de maturité (chez Mann, Ford, etc.). Nous trouvons ici un curieux paradoxe, offert par cette star qui arrive au bout de dix minutes, disparaît complètement au milieu du film pendant plus d'une demi-heure (comme Wayne dans *Red River*) sans qu'on en soit gêné. Et quand il est là, on le voit souvent au centre du plan, immobile, muet, entre des comparses agités. Dans le jeu de groupe, c'est tout le contraire de la technique de Grant. Stewart reste très discret, tandis que Grant continue son super numéro, et ses partenaires aussi. C'est aussi le contraire du Stewart ordinaire, assez cabot – cabot de génie mais cabot quand même. Cette fixité en position privilégiée se révèle très expressive : on comprend qu'il est mal à l'aise à l'intérieur d'un groupe à dominante nazie. James Stewart recolle ainsi à un mode de jeu assez cooperien. Il attire d'autant plus l'attention – celle des hitlériens, celle du spectateur –, qu'il ne fout rien. Cette réserve, cette mollesse, cette discrétion traînante – qui sont ici les preuves de la qualité humaine du personnage – pouvaient déconcerter le public. Mais la fin du film offre une compensation, puisqu'elle fait presque un héros de Stewart : il essaie de braver, avec la femme qu'il aime, les balles allemandes au cours d'une fuite à skis. Il rappelle alors le Fonda de *You Only Live Once*.

Au cours de cette scène, on notera tout particulièrement l'errement horizontal du regard inquiet vers la gauche, puis vers la droite, leitmotiv stewartien inauguré dès *Made for Each Other* – on ne voit que les yeux émergeant des draps – et qui se répétera souvent dans le futur, surtout avec *The Man Who Knew Too Much*, aidé par la couleur qui fera ressortir le bleu de l'iris, et *The Spirit of St Louis*, quand Lindbergh aperçoit enfin la terre...

Il faut aussi remarquer que, dans le film de Borzage, Stewart est un étudiant, mais aussi un paysan, ce qui rassure le public américain. Il y a en effet chez Stewart un paradoxe : son personnage standard d'Américain moyen, simple humain, maladroit, imparfait, mais toujours dans son bon droit et vainqueur en bout de course, en lequel Mister Brown ou Mister Smith – bien sûr – peuvent se reconnaître (une similitude qui l'avantage, sans que cela soit trop gros, puisque la positivité du personnage de Stewart se dégage en douceur, sournoisement presque, à travers de multiples épreuves où elle est sérieusement mise en question), eh bien ce personnage banal est en même temps un homme d'exception, un homme de l'Est (à l'opposé de Cooper et de Wayne, nés à l'Ouest), un intello, un *highbrow* (il a même lu *Crime et Châtiment* dans *The Shop*), ce qui n'était pas très bien vu aux Etats-Unis. Le charisme de Stewart lui permet de concilier, et de réconcilier l'Amérique profonde avec l'intelligentsia. Il est étudiant (*Mortal Storm*), il est professeur dans le très savoureux *Vivacious Lady* (Stevens, 1938), dans *Rope* et dans la série télé *Jimmy Stewart Show* (1970). Il est journaliste, un journaliste parfois aussi poète, dans dix films, dont le tout premier *The Murder Man* (1935) jusqu'à *Rear Window* (1954) et *Flashing Spikes* (Ford, 1962) en passant par *Call Northside 777* (Hathaway, 1947) et *The Philadelphia Story*, auquel nous arrivons, puisqu'il suit dans la chronologie les deux films Mittel Europa que je viens d'évoquer.

Nous avions l'habitude, dans les années cinquante, d'être très contents, et très laudatifs, lorsque nous trouvions des points communs entre plusieurs films du même réalisateur. Cela prouvait que le cinéaste avait vaincu la machine hollywoodienne, et cela nous permettait de nous faire remarquer par nos dons d'observation et de synthèse. Aujourd'hui, comme plus personne ne songe à nier le statut d'auteur des grands cinéastes américains, je me demande s'il ne faut pas faire marche arrière, et considérer comme paresse et rabâchage, dictés par les producteurs et le box-office, ces leitmotive dans l'œuvre d'un réalisateur ou d'un acteur. J'ai eu pour la première fois cette impression pénible en voyant *El Dorado* après *Rio Bravo*. Stewart journaliste, ça marche très bien chez Hitchcock ou chez Cukor, mais ça devient vite lassant ailleurs. Il faut dire cependant que la faconde de J.S., ses multiples hésitations – correspondant aux tâtonnements, aux scrupules du journaliste dans son enquête – servent beaucoup le reporter qu'il incarne.

Presque toutes les données de l'art stewartien se trouvaient dans *Mr. Smith,* et elles seront reprises dans la plupart des films futurs, et notamment *The Philadelphia Story* (*Indiscretions*, 1940) de Cukor : les balbutiements, le principe de rester bouche ouverte sans parler, les hésitations. Il y avait déjà une très belle scène d'hésitation dans *Mortal Storm* lorsqu'il cherchait en vain le texte de son discours dans sa poche, et se révélait finalement plus convaincant en improvisant. Ça continuera pendant toute sa carrière, jusqu'aux longs va-et-vient de son regard qu'il intercale entre deux lignes de son texte (*The Man From Laramie*, 1954), sans oublier le « *what... what happens to you* » dans la scène de *The Far Country* (1953) avec Corinne Calvet, ou le « *a dress... you've to have a dress... she... she...* » à la fin de *Two Rode Together* (1960), lorsqu'il essaie de faire danser l'ex-squaw Linda Cristal au bal des bons Américains imprégnés de racisme. Et j'ai encore cinquante exemples en réserve. Mais dans *The Philadelphia Story*, il va très loin. La maladresse dans l'expression vocale et physique était certes permise à travers le personnage du paysan intimidé au Sénat à Washington, mais elle l'est moins pour ce qui concerne le journaliste décrit par Cukor, ou les personnages apparemment plus dignes des œuvres suivantes. Ce genre de jeu était, est toujours très mal vu dans les écoles d'acteurs style Cours Simon ou dans les écrits des critiques. Aujourd'hui, en France, on fait recommencer un acteur qui trébuche sur une syllabe... Eh bien, James Stewart, profitant de sa réputation acquise avec les films de Capra, a réussi à imposer ses audaces à tout le monde. Ce n'est pas seulement le grand Duduche Smith qui bafouille, c'est chaque être humain qui bafouille, comme dans la vie, et comme ça n'arrive pas au cinéma. Et c'est encore plus drôle si c'est quelqu'un d'important, un avocat ou un shérif. Bien sûr, il y a encore quelques alibis, comme l'ivresse (à la fin du Cukor ou de *Liberty Valance*). Le véritable triomphe de Stewart, ce sera dans ce dernier film, la scène où il est en costume de cuisinier avec son revolver, lorsque les autres se mettent eux aussi à bégayer... La contagion, suite et fin.

Mais il n'y a pas que ça dans *Philadelphia Story* : il rote, il a le hoquet, la voix grasse, il met la langue dans sa joue, il chante faux, il siffle, il exagère son accent de Pennsylvanie : « *she was yarr...* » Il dit : « *A le'll* » et Cary Grant corrigera : « *A little* ». Il dialoguera en mâchant du chewing-gum, quinze ans avant l'Actors' Studio. Plus tard, il parlera en mangeant (*It's a Wonderful Life*) ou avec le thermomètre en bouche (*Rear Window*) ou encore en croquant des cacahuètes ou en fumant un cigare (*Anatomy of a Murder*). Il ne cessera de torturer le verbe dans tous les sens. Et surtout, il commence à braver un autre interdit : il parle alors que sa partenaire Ruth Hussey continue sa phrase.

La gestuelle évolue, elle aussi : il essaie d'attraper un verre de champagne, il le rate. Il met les deux mains en rond, lorsqu'il vante la beauté de Katharine Hepburn. On a l'impression qu'il va la prendre dans ses bras. Mais il ne la prend pas tout de suite. Il attend le plan suivant pour le faire. Il court toujours à la recherche d'un briquet qu'il finit par voler, en un éclair. Le cinéma américain classique est souvent fondé sur *un* objet – encore un briquet dans *Anatomy of a Murder* ou les allumettes de *Only Angels Have Wings* – que le héros emprunte toujours à ses partenaires, mais qu'il réussira à avoir sur lui aux dernières secondes du film, ce qui permet de concrétiser son évolution psychologique. On trouve parfois un jeu voisin, non plus avec un objet, mais avec un geste (cf. le salut de Cooper dans *Morocco*, repris par sa partenaire à la dernière minute).

Ce festival est facilité par l'aide qu'apporte Cary Grant. Comme c'est le seul film où Grant et Stewart se rencontrent, on peut dire que *Philadelphia Story* est le pivot de ce bouquin. Stewart pratiquera par la suite d'autres associations semblables, qui ne seraient pas possibles pour un Gary Cooper. C'est que Stewart est plus malléable que les autres. Ses particularités font qu'il peut très bien travailler avec d'autres grands acteurs masculins (Wayne, Fonda) en les complétant, sans qu'il y ait là quoi que ce soit de gênant pour eux. Ici, on peut dire que Grant se dévoue, avec un *fair play* admirable, en faveur de Stewart. Ils se sont ainsi réparti les rôles : Grant a son nom en premier au générique, et c'est lui qui épouse son ex-femme Katharine Hepburn, à la fin du film. Mais ces avantages extérieurs sont largement compensés par le fait que Grant, durant les neuf dixièmes du film, apparaît détestable, et que Stewart incarne un adorable journaliste, complexé parce qu'il est obligé de travailler pour une sorte de « Minute » américain, un merveilleux amoureux romantique et naïf très drôle.

C'est donc Grant qui fit cadeau de son Oscar à Stewart, lequel demeure finalement, malgré l'extrême nouveauté de son jeu, le plus titré de nos quatre mousquetaires : outre cet Oscar obtenu à trente-deux ans, il participa à deux œuvres couronnées par l'Oscar du Meilleur Film, *You Can't Take it With You* et *The Greatest Show on Earth*, il reçut pour *Mr. Smith* le Prix du New York Daily, celui de la Critique américaine et surtout celui de la Critique new-yorkaise, qu'il remporta encore pour *Anatomy of a Murder*, lequel lui valut la Coupe Volpi à Venise.

Sur ce terrain donc, net avantage par rapport au meilleur acteur de l'histoire du cinéma, Cary Grant, qui fit chou blanc (la comédie, genre mineur...). Et John Wayne, lui, n'obtint son Oscar qu'à soixante-trois ans, pour une bande de valeur très modeste. On peut penser que, comme dans le cas de Henry Fonda, la récompense alla surtout au Palmarès des Oscars, qui sut ainsi se revaloriser par le couronnement de Wayne.

Encore la ligne dialectique : Stewart, qui interprète des personnages imparfaits, hésitants, modestes, mal assurés, fut le seul acteur américain de très grand renom à consacrer quatre années de sa carrière à la Deuxième Guerre Mondiale. Ce héros de l'aviation devint même général, peu avant sa retraite définitive. L'exact opposé de Cooper, héros de guerre dans ses films, mais qui se contenta de faire un spectacle à l'attention des troupes en Nouvelle Guinée.

Comme toujours, en voyant *It's a Wonderful Life* (*La Vie est belle*, 1946), il serait difficile, et un peu idiot, de vouloir séparer le jeu de l'acteur du film lui-même. C'est la troisième fois que Stewart tourne avec Capra, sur le même sujet, repris pour la cinquième fois par le cinéaste, qui n'en a pratiquement pas abordé d'autres entre 1936 et 1948 : la très dure lutte d'un homme innocent contre les magouilles du fric ou de la politique, vaincues *in extremis*. Ici, c'est le bon Samaritain, aimé de tous les citoyens de sa petite ville, qui est pratiquement contraint au suicide en raison d'un vol commis par un méchant businessman. L'effet de répétition menace à la fois le film, Capra et Stewart. Capra s'en tire en renonçant un moment à son réalisme habituel pour incorporer dans son histoire un ange et le Paradis, où se situe le début du film. Ce qui lui permet d'atteindre, plus encore que dans *Mr. Smith*, un très haut niveau d'émotion, accru par l'enjeu : le boy-scout Smith risquait de perdre, au plus, son poste de sénateur. Ici, c'est la vie d'un homme parfait qui est en question. C'est aussi le chant du cygne de Capra : nous sommes très près de la Roche Tarpéienne. Si j'avais vu *It's a Wonderful Life* avant les autres Capra, j'aurais probablement crié au chef-d'œuvre absolu. Mais, si on voit les films dans l'ordre chronologique, la redite compromet notre plaisir. Même si nous sommes subjugués par le rythme et la tension qu'impose Capra, force est de reconnaître que Stewart – tout en restant formidable – n'apporte pas grand-chose de nouveau dans sa manière de travailler. Il force un peu plus qu'auparavant sur sa détresse, due, non plus à la fatigue comme dans *Mr. Smith*, mais au déchaînement des forces adverses : yeux cernés, cheveux en bataille, regard halluciné, cris en tous genres. Il est possible que James Stewart ait emprunté un peu à ses souvenirs de jeunesse, dans une bourgade semblable, autour d'un petit commerce familial. Comme dans *The Shop*, la nuit de Noël sera le cadre dramatique idéal. La plus belle scène sera celle où, près d'un vieux téléphone fixe à un seul écouteur, qui facilite la promiscuité, il entend, en même temps que la fille de la maison,

Donna Reed, les doléances économiques de sa lointaine fiancée. Il se rapproche insensiblement de l'écouteur et de Donna : il a besoin de cette présence physique chaleureuse pour compenser la froideur du discours de sa promise. Il enlace presque Donna... qu'il épousera. Il a aussi quelques très belles idées de gestes, d'autant plus efficaces qu'ils demeurent brefs et discrets : en quittant l'odieux affairiste, juste après le *shake hands* obligé, il s'essuie la main. Ivre, il se masque la bouche de la main lorsqu'il parle à l'Ange, comme si celui-ci pouvait être sensible à l'odeur de l'alcool.

Capra, c'est fini : la formule magique avait fait son temps. Et, après *State of the Union*, il tombera de haut. Les producteurs essayèrent bien de rééditer le miracle avec des remakes déguisés comme *Pot' O' Gold* (1941) ou *Magic Town* (1946), écrit par Riskin, l'alter ego de Capra, mais Stewart, dans les deux cas, échoua sur toute la ligne. *Harvey* (1950) ne vaut guère mieux, mais cette variante de Deeds et du marginal heureux incarné par Barrymore dans *You Can't Take it With You* offrit à James Stewart de gros succès publics trente ans durant, tant à la scène qu'à l'écran, à la radio et à la télé.

Séparé de son cinéaste favori, ne pouvant plus guère jouer les jouvenceaux niais à quarante ans, Stewart se cherche. Comme son idole Gary Cooper avec *Pride of the Yankees* (1942), il incarnera, sous la houlette du même Sam Wood, un célèbre joueur de base-ball handicapé dans *The Stratton Story* (1948), où il subsituera à l'héroïsme cooperien la description des tout petits détails de la vie quotidienne d'un homme finalement assez quelconque.

Alors que les biographies d'hommes célèbres incarnés par Cooper peuvent être géniales (York, Wassell, F.L. Wright dans *Fountainhead*), celles proposées par Stewart s'avèreront toujours un peu décevantes (*Glenn Miller*, *Carbine Williams*) ou désastreuses (*Stratton*, Charles Lindbergh dans *The Spirit of St Louis*). L'amour de James Stewart pour la musique ou l'aviation (cf. *Strategic Air Command*, *No Highway in the Sky*) lui a fait commettre quelques impairs. C'est que Stewart n'est pas à l'aise dans des rôles d'homme d'exception. Pour parodier la célèbre phrase sur Corneille et Racine, Stewart, c'est l'homme tel qu'il est, Cooper, c'est l'homme tel qu'il devrait être.

Voyez l'attitude de leurs personnages face aux dictatures européennes : Cooper choisit volontairement la mort (*For Whom the Bell Tolls*) tandis que Stewart prend la fuite (*The Mortal Storm*). Cooper se dresse tranquillement, sans protection aucune, sur le toit de son building géant (*The Fountainhead*) alors que Stewart n'arrive même pas à monter le court escalier de *Vertigo*. Voyez l'écart inouï entre le shérif de *High Noon* et celui de *Two Rode Together*. Billy Mitchell accuse l'armée, mais le journaliste de *Rear Window* reste caché derrière ses jumelles.

L'identification à Cooper ne fonctionnant pas, après quelques nouvelles errances (*You Gotta Stay Happy*, *Malaya*), Stewart va enfin trouver sa nouvelle voie. C'est probablement Hitchcock qui l'a aidé à la découvrir : le professeur de *Rope* (*La Corde*, 1948) a eu naguère un énorme tort, celui d'attirer l'attention de ses étudiants sur le crime parfait, qu'ils commettront pour de bon. Une faute dans le passé du personnage ou simplement un élément caché dans le passé : le frère de Stewart a tué leur père, que James Stewart veut venger, mais ça, on ne le saura qu'à la fin de *Winchester '73* (1950). La même année, *The Greatest Show on Earth* (*Sous le plus grand chapiteau du monde*) de Cecil B. DeMille cumule les deux éléments : le clown Buttons se cache sous son masque parce qu'il est poursuivi pour euthanasie.

Borden Chase, l'auteur de *Winchester '73*, reprendra ce schéma, en raison du succès du film, à travers *Bend of the River*, où Mc Lyntock est un ancien bandit, et *The Far Country*, où Jeff est poursuivi en raison de deux meurtres. Les autres scénaristes suivront : dès le début du film, Carbine Williams est condamné pour meurtre. Le protagoniste de *The Naked Spur* est un odieux chasseur de primes déguisé en shérif. Dans *Night Passage*, le cheminot James Stewart perd son boulot pour avoir aidé un voleur de paye à fuir. Dans *Flashing Spikes*, il est accusé d'avoir versé des pots de vin. Pendant la plus grande partie du film, on ignore que l'homme de Laramie agit pour venger la mort de son frère. De 1950 à 1957, dans presque tous ses films, Stewart semble exiger que son personnage ait un passé trouble, avec des éléments cachés. Soit le contrepied de *It's a Wonderful Life*, où on le voit sauver la vie de son petit frère (il tuera le sien dans *Winchester '73*), et celle d'un inconnu qui allait périr à la suite d'une erreur du pharmacien.

Oh, certes, on apprendra en cours de film que ces méfaits ne sont pas si graves que ça : il y a eu erreur judiciaire, le voleur aidé se révèle être son frère, les hommes tués sont en fait des hommes qui lui volaient son bétail, l'euthanasie n'est plus forcément un délit aujourd'hui, il n'y a pas eu de pots de vin en réalité... Ce qui permet de se concilier le Code Hays et la sympathie de l'audience. Il n'empêche que Stewart prend toujours le départ avec un handicap moral.

Lequel se double parfois d'un handicap physique (qui est souvent, dans la civilisation chrétienne, le symbole du handicap moral), le léger boitillement de

Rope – annoncé déjà dans *The Shop Around the Corner* (est-ce parce qu'il a du mal à jouer de ses jambes que James Stewart se sert tellement de ses mains ?), la jambe blessée de *Naked Spur* succédant à l'amputation de *The Stratton Story* ou les deux guiboles dans le plâtre à la fin de *Rear Window*, ou encore, le pire qui puisse arriver à cet acteur qui joue avant tout avec ses mains, blessé il ne peut plus du tout se servir de son poignet (*The Far Country*, ou, en moins grave, *The Man from Laramie* et la fin de *Rope*). Notons d'ailleurs que deux films à handicap, *The Far Country* et *Rear Window* se suivent dans la chronologie. Le handicap physique est parfois très étroitement lié au handicap moral. Ce n'est pas seulement un lien symbolique : au début de *Vertigo*, Scottie marche péniblement avec une canne parce que, suite à sa crise de vertige, il a fait une chute que voulait lui éviter le policier mort en cours de sauvetage, décès dont il est donc la cause.

Ce handicap rappelle la thématique waynienne. Mais, chez Wayne, la tare physique (la vieillesse) précède chronologiquement le handicap mental de la niaiserie. Chez Stewart, c'est plus logique : à la naïveté juvénile, fait suite, avec l'âge mur, le temps du handicap physique. Le handicap, comme chez Wayne, attire la sympathie : on espère que le héros arrivera à le surmonter.

Non, je me trompe. En y réfléchissant, je m'aperçois que ce n'est pas ça du tout. Le handicap stewartien (doublé d'ailleurs d'un déficit en matière de morale) n'attire pas tellement la sympathie. Il est provisoire, accidentel, alors que la décrépitude waynienne tend vers le définitif. Il est là pour donner plus de consistance, de poids au personnage, menacé par l'innocence répétée et sa fadeur.

Au thème du handicap, s'ajoute celui du double : James Stewart a l'idée du meurtre qu'exécutera John Dall (*Rope*), il est le bon frère opposé au frère qui a mal tourné (*Winchester '73*, *Night Passage*) ou au frère qui n'a pas eu de chance (*The Man from Laramie*), ou encore il est opposé au sosie du mauvais Stewart du passé (*Bend of the River*), ou, en changeant complètement entre le début et la fin du film, il se dédouble lui-même (*The Naked Spur*). C'est comme une symbolique inversée du dédoublement de Stewart à travers sa carrière : il redevient une réplique du héros capraesque après avoir été le méchant. En fait, dans ce dernier film, il y a trois niveaux successifs : il se présente comme le shérif. On s'aperçoit ensuite que c'est un chasseur de primes. Enfin, on apprend qu'il en est arrivé là parce qu'il s'est fait voler son ranch. Il cherche maintenant à paraître plus dur qu'il n'est. Il commence par cacher son côté mercenaire. Puis, paradoxalement, il essaie de cacher, derrière sa férocité, sa générosité naturelle, source de sa spoliation, et dont il a honte. Tout au long du film, le personnage hésite entre ses deux visages.

Je viens de citer les six westerns faits ou préparés entre 1950 et 1956 par Anthony Mann, qui travailla avec lui sur trois autres films, *Thunder Bay* (1952), film d'aventures pétrolifères, et, en rallonge, deux bandes mineures, *The Glenn Miller Story* (1953) – la vie du musicien, et *Strategic Air Command* (1954), film d'aviation.

Neuf ou huit films ensemble – si l'on compte pour rien *Night Passage* abandonné en cours par Mann – dont cinq westerns, n'y a-t-il pas là ce risque de répétition dont je parlais à propos du travail avec Capra ? Non pas, car on voit peu Stewart : il disparaît pendant une bonne demi-heure au milieu de *Winchester '73*, cette carabine étant le véritable protagoniste. On peut comparer cette présence lointaine et intermittente aux apparitions en second plan de *Rope* ou même *Malaya* ou bien sûr *The Greatest Show on Earth*, film où, sous le masque du clown, on ne voit jamais le visage de Stewart : défi suprême que l'artiste jette à lui-même, semblable à sa paralysie manuelle de *Far Country*.

Une interprétation donc parfaitement intégrée au film, et non plus des rôles qui dictent leur loi au film comme au temps de *Mr. Smith*. Même les quatre westerns restants révèlent une intégration comparable : Stewart n'est qu'un des membres du quintette de *The Naked Spur* (1952), et, dans ces films, l'aventure, l'action, le décor surtout, l'emportent sur le protagoniste, assez semblable d'ailleurs à celui de beaucoup d'autres westerns. Il y a à peine besoin de l'acteur pour tourner : dans *The Far Country* (1953), lorsque James Stewart et John Mc Intire se tirent dessus dans la pénombre, on ne voit que le chapeau arrondi de l'un et le haut de forme de l'autre. Et on les reconnaît très bien à leur couvre-chef. Le chapeau toujours...

Jusqu'ici, Stewart était victime des autres, de la société, du nazisme, de son patron (*The Shop Around the Corner*) qui le renvoie à la suite d'une grossière méprise. Il subissait des violences diverses. Maintenant, chez Anthony Mann, c'est lui le violent, le dur, l'impitoyable. Furieux, il tord le cou à Dan Duryea avant d'abattre l'autre méchant, son propre frère (*Winchester '73*).

Il est fort possible que Hitchcock se soit dit, avant de tourner *Fenêtre sur cour* en 1954 : « *Ce journaliste qui suit, depuis la fenêtre d'en face, tout le déroulement d'un assassinat, depuis son fauteuil roulant où il est cloué avec sa jambe plâtrée, par qui le faire interpréter ? Il faut recourir à l'acteur le plus capable de jouer sans bouger, c'est-à-dire évidemment James Stewart, l'homme de mains.* » J.S. peut tout dire rien qu'avec les mains. Je ne vois que Jacques Rivette qui puisse le concurrencer dans cette discipline, mais J.S n'a rien à craindre, puisque J.R. refusa toujours – à deux exceptions près – de faire l'acteur.

Stewart vient d'épier son voisin, qu'il est le seul à soupçonner de meurtre. Suivent deux plans, respectivement de 44 secondes et de 46 secondes, mais qui semblent n'en faire qu'un : la coupe, habilement chevauchée par une phrase de Grace Kelly alors que la conversation est passionnante, et de plus effacée par un mouvement de la chaise roulante au début du deuxième plan, est très difficilement repérable. Je ne l'ai trouvée qu'à la troisième vision. Kelly dit qu'elle ne croit pas aux élucubrations de Stewart, et donne des arguments précis contre J.S., toujours assis dans son fauteuil roulant, et coupé à peu près à la taille. Que fait-il alors ?

1. Il croise les doigts, avec un geste d'abattement, ce qui semble vouloir dire qu'il n'entre pas dans le jeu de Kelly.

2. Alors que la conversation continue, pour ne pas cesser jusqu'à la fin du double plan, il lève le doigt pendant environ un quart de seconde. Il semble ainsi s'élever contre le démenti de Kelly (« *crois-tu que je m'amuse* ? »).

3. Il écarte les doigts pour manifester son étonnement devant les actions du voisin, qu'il énumère.

4. Il pointe la main, et le doigt, vers l'arrière, c'est-à-dire l'extérieur, la cour, le voisin : il situe bien ou ça se passe.

5. Il lève le pouce, tout en disant : « *est-ce que je suis fou ?* », amorce peut-être d'un geste vers le milieu du front, ou bien alors veut-il dire simplement : « *alors, pouce, on arrête tout* » ? Ou souligne-t-il une phase de sa démonstration ?

6. La main se dresse un instant, verticale : il parle de l'ambulance qui arriverait, et viendrait chercher la malade supposée à domicile au premier étage – d'où la verticale – à moins que cette verticale suggère la ponctualité de l'action, comparée au futur geste 7. Cette précision réaliste du jeu est d'autant plus diabolique que toute l'action décrite est envisagée par Stewart comme imaginaire.

7. Le geste 6 est transformé – par un enchaînement rapide – en un arrondi enveloppant de la main qui ponctue la phrase : « *il se passe un tas de choses* », et indique évidemment une action cette fois assez étirée dans le temps.

8. Il lève la main vers le front, comme pour essuyer son visage, symbole du visage de la malade : il est en train de dire que la malade a besoin de soins constants.

9. Le geste se transforme en geste d'une partie de la main, vers l'arrière, correspondant au texte : « *no care* » (personne ne se soucie de la malade). Le geste signifie même plus que la parole, quelque chose comme « *ils s'en foutent* ». Arrive alors la collure invisible.

10. Il fait avancer son fauteuil avec les deux mains. Les mains, non seulement font tout le travail narratif, mais en plus, elles ont une pleine fonction *en situation*, qui est extrêmement rare : elles font bouger l'acteur qui marche, non pas exactement sur, mais grâce aux mains, qui remplacent les jambes. Cette avance correspond aussi à une réaction critique contre le point de vue de Kelly.

11. Essai de J.S., qui tente maintenant de faire reculer le fauteuil pour se rapporcher de la cour et du voisin, mais Kelly, qui n'est pas convaincue par Stewart, l'arrête en chemin.

12. Essai de geste très très court vers le haut : c'est sans doute l'amorce de l'effort pour se lever (action physiquement impossible à Stewart, mais l'instinct demeure) qui reste la seule façon pour le héros de passer à l'action puisque Kelly bloque le fauteuil.

13. Le geste précédent se transforme en un mouvement de la main vers la cour : il ne faut pas que le spectateur oublie où se situe le drame.

14. Encore un arrondi répété de la main – une des deux figures majeures de l'art stewartien – correspondant à la description orale d'une suite d'actions multiples.

15. Les deux mains sont posées à plat, immobiles : « *il n'y a plus de signe de vie.* »

16. « *You, tell me...* » (Toi, dis-moi) : il pointe la main, et un seul doigt de la main vers Kelly.

17. « *...Where is she ?* » (Où est-elle ?), c'est-à-dire, où est la victime. Il

amorce un geste vers la cour, qu'il abrège très vite : merveille de concision. Tout le monde a compris.

18. La main revient vers Kelly. Il pointe cette fois quatre doigts vers elle : la question se fait plus pressante.

C'est juste après cette scène que Grace Kelly changera totalement sa façon de voir (encore un plan-séquence exprimant le revirement psychologique), suite à une nouvelle manifestation de l'assassin, mais aussi et surtout en raison du brio de Stewart.

Ajoutons que, suprême raffinement, la scène débute, non pas sur un mouvement de Stewart, mais sur Kelly qui fait bouger le fauteuil de J.S. pour l'empêcher d'espionner. Le morceau de bravoure du jeu de mains est ainsi masqué par l'avantage donné au départ au mouvement de la partenaire. De plus, il y a aussi tout un travail sur la façon de parler de Stewart, sur son regard (un plan voisin nous montrera le bleu de l'œil de J.S. tranchant sur la nuit), sur la façon de mêler le résultat avec le jeu de Kelly.

La supériorité de ce segment sur le numéro du chapeau de *Mr. Smith*, c'est que le travail de l'acteur est totalement intégré au film, dissous en lui, presque invisible. Du reste, Stewart n'a eu aucun prix pour *Rear Window*, face aux trois pour *Smith*.

Par-dessus le marché, les mains se trouvent en bas du cadre, comme il est logique. Elles jouent avec cette frontière, apportant un peu d'imprévu, un peu d'air dans le découpage story-boardé à mort de Hitchcock. Je suppose que Hitch n'a pas dû être ravi en voyant cet élément devenu majeur s'activer en bord cadre, comme dans un vulgaire reportage. Mais ce naturel intensifie le pouvoir créé par l'artifice. On aura aussi des effets de ce type dans *Anatomy of a Murder*, où la main rentre à l'intérieur du cadre par en bas au cours d'une conversation et prend ainsi une importance particulière, tout à fait insolite dans le cinéma hollywoodien, et qui décuple la force du geste.

C'est d'ailleurs pourquoi il faut voir les films de Stewart sans sous-titres, ceux-ci bouffant les mains. Hitch, qui pensait à tout, mais détestait les sous-titres, n'avait pas pensé à ça. Le jeu avec le bord cadre est encore plus périlleux. Il se double d'un jeu avec les espaces entre les mots courts des sous-titres. Peut-être faut-il surtitrer (en haut de l'image) au lieu de sous-titrer les films de J.S.

Si l'on considère le travail des mains de Stewart dans cette scène, on constate qu'il correspond à huit significations totalement différentes. Il y a :

A – *La main en situation* (comme quand on porte un aliment ou une cigarette à la bouche). Ici, c'est plus raffiné, puisqu'il fait bouger son fauteuil en mettant les mains sur les roues. C'est la catégorie dont relèvent les gestes numéro 10, 11 et peut-être 12.

B – *La désignation du partenaire*, qui peut être une forme d'accusation, de critique, ou de prise à témoin (gestes 16 et 18, le geste 10 étant aussi une variante déguisée de cette option).

C – *La situation géographique d'un lieu, d'une action, ou d'un être*. La cour, le meurtrier, le meurtre, la victime (gestes 4, 13 et 17).

D – *L'indication d'un état d'âme personnel* (geste 1 et 3).

E – *La protestation* (geste 2).

F – *La description d'une action précise* (geste 8).

G – *La situation d'une action par sa durée*, courte ou longue (gestes 6, 7 et 14).

H – *L'accomplissement d'un geste symbolique*, évoquant une action ou un état d'âme (gestes 9, 15 et peut-être 5).

Je ne suis pas sûr de l'attribution de certains gestes (qui relèvent de plusieurs rubriques) à un groupe particulier. Le lecteur, je l'espère, me pardonnera ces imprécisions, et aussi une omission possible dans le répertoire des gestes.

Si l'on veut bien cependant tenir ce catalogue pour définitif – ce qui est loin d'être sûr – on s'apercevra que la répartition de chacun des dix-huit gestes au fur et à mesure du déroulement du double-plan, au sein de chacun des huit groupes de sens ci-dessus, s'effectue ainsi : D – E – D – C – H – G – G – F – H – A – A – A – C – G – H – B – C – B.

Stewart saute donc sans cesse d'une rubrique à l'autre, sauf pour les trois A qui se suivent (mais qui sont douteux – peut-être aurais-je dû écrire B – A – D – et contradictoires les uns par rapport aux autres) et les deux G qui contiennent aussi une valeur de contraste entre eux.

Une telle richesse, une telle variété dans le jeu sont stupéfiantes. Et je me pose la question : Stewart était-il conscient de tout ce qu'il faisait ? Si tel était le cas, on pourrait dire que c'était vraiment un homme-orchestre, un monstre d'intelligence, surtout avec tout ce qu'il avait à faire par ailleurs dans le plan. La question, à vrai dire, m'est inspirée par la curiosité plus que par un motif noble, et demeure à un niveau anecdotique. Il y a probablement des deux, calcul et improvisation. La plupart des gestes ont dû être indissolublement liés aux paroles, sans intervention de la conscience : on peut supposer que J.S. est comme ça dans la vie et, en même temps, il a dû être conscient lorsqu'il a inventé un geste particulier comme le geste 9 (personne ne se soucie de la malade) qui est un geste à effet.

Ce genre de travail est fréquent, et c'est la mort dans l'âme que j'ai dû trancher entre plusieurs exemples, rejetant des plans d'une virtuosité comparable d'*Anatomy of a Murder*, que j'avais déjà décortiqués sur mon papier brouillon. Il était en effet hors de question que je répète à satiété ce genre d'analyse, source de fatigue probable pour le lecteur. Je me contenterai de citer deux parties de plan d'*Anatomy*.

Dans le plan de 49 secondes, avec la fille de la victime, qui contient treize gestes – un vrai festival de topologie cursive – Stewart dit à son interlocutrice que les gens ne sont ni tout bons, ni tout mauvais. Pour exprimer le *mauvais*, il a un tout petit geste, le quatrième du plan, qui se différencie très nettement du geste accompagnant le mot *bon* : la main est plate, paume en dessous, et un peu plus *bas* qu'au geste précédent. Le symbolisme est facile, direz-vous. Mais c'est fait en un quart de seconde, dans la foulée. Un naturel parfait, avant de passer illico au geste suivant. Par la gestuelle, la morale et le pragmatisme – topologie ou autre – sont mis au même niveau. Pas de hiérarchie. Toutes les significations sont égales.

Le plan de une minute trente-six contenant l'interrogatoire du serveur de bar, riche de douze gestes en même temps que d'un dialogue abondant, nous offre :

– *un éventail* – la première formule stewartienne, qui veut dire – mains et doigts écartés verticalement ou horizontalement – que c'est pas grave, qu'on arrête là, ou que ça fait une globalité,

– *trois arrondis – enroulés* soigneusement répartis (c'est la deuxième formule stewartienne). L'un exprime la notion de villégiature, le second fait référence implicite à une Lee Remick qui jouerait un peu des fesses ou des seins (les deux gestes très voisins banalisant la deuxième action à hauteur du sens du premier arrondi). Le troisième introduit le concept de manège (avec un tour de main à demi-fermé).

L'arrondi-enroulé exprime ici les formes féminines ou le manège alors qu'il révélait dans *Rear Window* une suite d'actions compliquées ou la polyvalence d'une action minimale. Dans *Vertigo*, il signifiera un acquiescement – au début, chez le docteur – ou, à mi-film, l'incertitude.

Le plus amusant est qu'au milieu du plan, pour ne pas lasser – et aussi pour faire valoir une certaine distanciation par rapport au témoin –, Stewart... met les mains dans le dos pendant une dizaine de secondes comme un élève au piquet.

De même, toujours pour ne pas lasser, J.S. prolonge son jeu de mains à l'aide d'une tige qui lui permet de manier son plâtre, et qui mimera « *les empreintes de pas sanglantes* » successives qu'il évoque, ou encore à l'aide de fléchettes lancées (*Rear Window*) ou bien d'une canne (*Vertigo*) ou d'une cuisse de poulet (*Made for Each Other*).

Cette virtuosité incontestable, est-on sûr qu'elle apporte quelque chose au film ? On peut en douter dans le cas de *Rear Window*, puisqu'elle est presque invisible. Mais en fait, elle est d'autant plus efficace qu'elle demeure invisible. Elle donne du corps à un cinéma aussi abstrait que celui de Hitchcock, de la vie à un personnage aussi statique que ce reporter grabataire. Et, pour ce faire, elle utilise des moyens inédits ou auxquels on recourt très rarement, sans que le spectateur se doute de leur existence.

La virtuosité de la main n'exclut pas celle du visage. Un seul exemple : de même que les gestes se transforment en un enchaînement parfait, le sourire de Stewart va se muer sans transition en un rictus lorsqu'il voit le meurtrier qui s'intéresse de très près au chien.

Stewart finissait *Rear Window* avec une chute par la fenêtre et les deux jambes dans le plâtre. Il y a presque un raccord direct avec le début de *Vertigo* (*Sueurs froides*, 1957), c'est-à-dire sa chute du haut de l'immeuble et sa marche difficile avec sa canne. Ce nouveau film accuse le caractère essentiel du Stewart hitchcockien, la passivité. Voilà qui semble rompre avec le Stewart mannien, si actif, si violent. En apparence seulement. Car, chez Mann, Stewart refuse de s'intéresser à la collectivité (cf. *The Far Country*). On n'est pas si loin de *Rear Window*, où J.S. agit par mandataires envoyés dans la cour (Grace Kelly, Thelma Ritter), où il se cache dès qu'il est susceptible d'être vu, où la dame au petit chien assassiné accuse les co-locataires (dont Stewart) de manque de solidarité. Après tout, le Stewart mannien est violent et actif surtout parce qu'il a un flingue avec lui, et parce qu'il est le meilleur tireur. Chez Hitch, Stewart est l'homme moyen, donc il n'a pas de flingue, donc, il est prudent, timoré, passif. Il a l'idée du meurtre parfait (*Rope*), mais il ne tuera jamais. La passivité, dans *Rear Window*, a évidemment l'excuse fournie par la jambe cassée, comme il aura l'excuse du vertige lorsqu'il n'arrivera pas à monter l'escalier de *Vertigo* pour « sauver » Kim Novak. Mais cette bonne excuse un peu trop permanente est-elle valable lorsqu'il s'agit de quelqu'un qui se mêle toujours de tout, et en particulier d'enquêtes qu'il n'était nullement forcé de prendre en charge ? Le Stewart hitchcockien est un homme qui dirige le monde en paroles, en pensée, tout en restant physiquement en retrait. « *Mind your own business* », telle est la devise de l'Américain moyen, qui conditionne en même temps la marche de l'univers tout entier sans le vouloir, ou sans s'en rendre compte. Une image est devenue célèbre : celle du New-Yorkais qui ne s'arrête pas si un corps s'effondre près de lui dans la rue. Peut-être signalera-t-il le fait à la police, et encore ce n'est pas sûr.

La passivité, dans *Vertigo*, est plus subtile que dans *Rear Window* : l'ex-policier Scottie constate des faits, sans jamais les provoquer. Tout au long du film, il observe les comportements bizarres de Kim Novak, il les enregistre sans agir directement. Ce n'est qu'au moment où il se rendra compte qu'il a été berné par Novak que sa colère explosera, comme elle aura éclaté dans *The Man Who Knew Too Much* (*L'Homme qui en savait trop*, 1955) devant l'injustice du kidnapping dont tout bon et honnête citoyen américain devrait être protégé. Dans ce film, l'individualisme est *élevé* au niveau familial. Stewart se soucie uniquement de la survie de son fils, et se fout carrément de l'assassinat prévu d'un important homme politique. Voilà une nouvelle forme, la fougue en moins, de la naïveté de Mr. Smith, qui considère tout ce qui est non américain comme bizarre, un point c'est tout : le Maroc est d'abord un pays où l'on a du mal à caser ses longues jambes[4] sous les petites tables...

Ce sont donc des personnages hésitants, précautionneux qu'incarne maintenant Stewart. Le reporter de *Rear Window* hésite même à épouser une très belle fille qui est fort amoureuse de lui, car il a peur qu'elle le gêne dans l'exercice de son travail. Il a peut être peur, surtout, des liens en général. Ce genre de rôle n'est pas forcément avantageux. Si, dans *Rear Window*, c'est lui qui mène l'action, de loin, en véritable Docteur Mabuse au petit pied, en revanche, dans *Vertigo*, jusqu'aux toutes dernières minutes, c'est Kim Novak qui remplit cette fonction. Stewart n'est qu'un instrument. On le verra même, au cours de son propre rêve, la tête séparée du corps et entraînée dans une sorte de tourbillon mental. C'est la seule fois qu'on décapite ainsi, en cours de film, une des grandes stars de hollywood, qu'on la réduit à l'état de pure abstraction.

Ce qui fait que, même si *Vertigo* est un chef-d'œuvre, il favorise moins Stewart qui est, plus que jamais, un élément, une composante de cette extraordi-

4. Longues jambes dont J.S. jouait dès son premier film, *Murder Man*, avec sa sortie difficile d'un coffre de voiture.

naire réussite. Lorsque l'on en arrive à la réaction humaine, si passionnante, de Stewart qui tombe amoureux, essaie de remodeler la nouvelle Kim Novak sur l'ancienne, lutte entre son amour et sa haine pour cette criminelle qui l'a trompé tout au long du film, on a du mal à intégrer cette sincérité dans une histoire entièrement fondée sur l'artifice créé par les très habiles promoteurs d'un mécanisme policier sans âme et invraisemblable. Car s'il est tout à fait possible qu'un homme tue et découpe sa femme en morceaux, et qu'un journaliste grabataire s'aperçoive de ce meurtre depuis la fenêtre d'en face – seul le *timing* des événements est un peu trop parfait pour être vraisemblable – il est tout à fait absurde qu'un homme se débarrasse de sa femme en recourant à une machination aussi complexe et hasardeuse que celle de *Vertigo*. Le film tient magnifiquement grâce à l'immense panoplie de l'illusionniste, la musique envoûtante permanente, le romantisme obsédant des couleurs denses, qui masquent la médiocrité du scénario. Même si les gestes finaux de Stewart émeuvent – ses mains qui tremblent quand elles prennent le visage de Novak refaçonné, le petit signe à la maquilleuse pour indiquer une dernière retouche à faire sur le visage – on peut difficilement raccorder une humanité de dernière minute sur une pure construction de l'esprit, surtout si la partenaire reste aussi glaciale. Jusqu'ici, Stewart et ses films (*Smith*, *Wonderful Life*...) coïncidaient. Ici, c'est *Vertigo* contre Stewart et son personnage, la qualité de l'un étant en raison inverse de la qualité de l'autre.

La gestuelle de Stewart le prédisposait aux rôles d'avocat[5], fonction qu'il exerce dans *Anatomy of a Murder* (*Autopsie d'un meurtre*, 1959) d'Otto Preminger, *The Man Who Shot Liberty Valance* (1961), *Take Her She's Mine* (1963), la série télévisuelle *Hawkins* (1974), après avoir fait ses débuts au barreau il y a bien longtemps, avec *Made For Each Other* (1939). C'est le vieux réflexe pavlovien des producteurs : qui dit architecture, pyjama ou dynamitage dit Cooper. Qui dit pieuvre dit Wayne. Un journaliste ou un avocat ? On appelle l'agent de Stewart. Pas de falaise ou de clé sans Grant.

C'est *Anatomy of a Murder* qui a beaucoup contribué à le cataloguer ainsi. On peut dire que c'est trop facile, que c'est un métier trop stewartien. Au long du film d'Otto Preminger, J.S. peut tendre le doigt, tour à tour, vers l'accusé, le procureur général, le témoin à charge, le témoin cité par la défense, et le président du tribunal, avec, bien sûr, un geste un peu différent en fonction du sentiment qu'il éprouve envers la personne désignée. Après plusieurs jeux de

5. Gary Cooper, lui, sera toujours l'accusé.

l'index, il se permet même de frapper du poing sur la table, face au Président. S'il propose un *enroulé* en direction de l'arrière, ça veut dire que quelque chose se trame en secret, qu'il y a là un sens caché. L'enroulé a aussi une signification sexuelle : il évoque quelque chose qu'on ne peut évoquer de façon précise devant le tribunal, par pudeur. Les interventions de J.S. semblent emprunter un peu au célèbre discours du Marc Antoine shakespearien : il y a le même recours à un morceau de phrase-refrain, ici le *Good Old Bunny*, qui qualifie ironiquement l'assassiné violeur. Mais tout n'est pas limité à un brillant numéro de tribunal.

Ce qui surprend, dans ce film consacré au travail de l'avocat en faveur du mari assassin du violeur de sa femme, c'est l'étendue des scènes consacrées à la vie privée de l'avocat, notamment à ses *hobbies* – la pêche et la musique (laquelle passionne Stewart dans la vie) – et à ses amis. Ces « longueurs » font que le film dure deux heures quarante et a souvent été amputé lors de ses télédiffusions (ce film de procès déclenchant, à la suite de ces coupures, d'autres procès intentés par Preminger). Mais elles ont l'avantage de donner une image de l'avocat Stewart qui le rend plus proche du public moyen américain, quelque peu réticent, nous l'avons vu, à l'égard des professions libérales, et des intellectuels, dont J.S est l'incarnation obligée à travers vingt films. Un avocat est aussi un être humain, et pas seulement un cerveau retors. Ce n'est pas non plus un grippe-sou comme on le croit souvent : il se fera arnaquer par l'accusé qui, sitôt acquitté, fichera le camp sans payer son avocat déjà très fauché. Il y a encore là un peu de naïveté à la Mr. Smith. C'est aussi son goût pour la pêche qui lui attirera l'estime du président du tribunal, autre grand pêcheur, et lui vaudra peut-être l'issue favorable du procès. Le président a en effet remarqué que, pendant le procès, Stewart confectionnait des marques-pages qui lui serviront aussi d'hameçon.

La plus audacieuse figure de style dans ce film un peu à contre-courant de la nouvelle image négative de J.S., c'est la scène où, masqué par la sihouette massive du procureur, il essaie à tout prix de rentrer dans le fond du champ, d'abord à gauche, puis à droite. On a vraiment l'impression d'un cabotin, ou d'un comparse, qui veut absolument être à l'image à chaque plan, et qui fait preuve ainsi d'une maladresse extrême, détruisant un instant la vraisemblance et notre croyance à l'histoire. Mais J.S récupère la figure à son profit, en prétendant que le procureur l'empêche de voir le témoin... Jolie diversion qui aura pour effet de briser, par un intermède comique, la continuité du discours de l'adversaire et le fera tomber à plat.

Après les trois Capra, le quartette Hitchcock, l'octogone mannien, on en arrive, avant la rencontre finale avec le génial Susumu Hani, à la tétralogie Ford. En effet le général Stewart travailla pour l'amiral Ford sur *Two Rode Together* (1960), *The Man Who Shot Liberty Valance* (1961), un court téléfilm, *Flashing Spikes* (1962), plus une brève apparition au milieu de *Cheyenne Autumn* (1963).

C'est *Two Rode Together* (*Les Deux Cavaliers*) qui étonne le plus. Cinq ans avant, Ford nous avait montré la longue recherche bénévole et waynienne d'une fillette volée par les Indiens (*The Searchers*). Lorsque l'on proposera une recherche identique au shérif Stewart, celui-ci renâclera, cherchera par tous les moyens à gagner le plus d'argent possible dans l'affaire, arguant de ce qu'il est sous-payé en tant que shérif. C'est l'exemple-type du renversement des mythes du western chez Ford, déjà évident à travers *The Trial of Sergeant Rutledge* (1959) et discrètement amorcé depuis *Fort Apache* (1947) en vue de coïncider avec le nouvel esprit, disons des sixties, pour ce qui concerne le western et les Indiens. Stewart se livre à un chantage face au représentant de l'Armée. Il fait monter les enchères dans les négociations avec les parents des enfants enlevés. On n'avait jamais vu ça dans un western, surtout venant d'une *star* si sympathique. Ce shérif vénal passe le plus clair de ses journées allongé devant son bureau à boire bière sur bière, à fumer moult cigares dont il ne fait même pas tomber les cendres : c'est trop fatigant. Il a l'habitude des pots de vin. Il se fait pratiquement entretenir par une femme, la propriétaire du saloon. Il est « Monsieur Dix pour Cent ». Il envoie la fumée de son cigare au visage du militaire Widmark. Saoul, il imite de façon fort drôle et irrévérencieuse les soldats au garde-à-vous. On entend difficilement ce qu'il dit, comme il fume toujours en parlant. Nouvel usage du fameux chapeau : la mendicité. Quand il n'est pas d'accord, il assourdit ses interlocuteurs avec des accents toniques déments, comme ce « *both* » du début, pratique que l'on trouvait déjà – en moins fort – dans tous les films où il est scandalisé. Certes, il se rachète un peu à la fin, puisqu'il aide l'ex-squaw blanche à retrouver sa dignité face à l'intolérance de la petite ville, et puisqu'il est, en fin de compte, le dindon de la farce (comme dans *Anatomy*), mais l'impression négative, procurée par les neuf dixièmes du film, demeure privilégiée.

Cheyenne Autumn (*Les Cheyennes*) consitue une variante de *Two Rode Together*. On y voit J.S. une douzaine de minutes, au cours d'une sorte d'intermède qui n'a pas grand rapport avec le reste du film. Etait-ce le fruit du désir du producteur, qui voulait une super-vedette de plus ? ou le souhait de Ford d'enregistrer un nouveau numéro de Stewart ? Probablement les deux. J.S. incarne Wyatt Earp, l'héroïque shérif joué par Henry Fonda dans un autre Ford, *My Darling Clementine*. Ici encore, renversement complet du mythe : Earp devient un shérif fort paresseux, qui passe son temps à ne rien faire, à fumer et à jouer aux cartes dans un costume blanc impeccable, qui n'aime pas du tout qu'on le dérange pendant la partie. Stewart exagère à plaisir le lymphatisme de son personnage. C'est vraiment le *one man show* dans toute sa splendeur.

Cette désacralisation de l'idole Earp est cependant tempérée par la scène finale : Wyatt reste toujours aussi désinvolte, mais son flegme lui permettra de pratiquer, avant que son cigare ait eu le temps de se consumer, une intervention chirurgicale avec rapidité et virtuosité. Une petite touche positive qui amoindrit la négativité du personnage, comme à la fin de *Two Rode Together*. Peut-être ces aménagements ont-ils été souhaités par Stewart, ou bien Ford a-t-il eu peur d'aller trop loin.

On est en tout cas très loin de l'interprétation intégrée au film du début de carrière ou même des westerns manniens. Ici, c'est Stewart qui conduit le film (*Two Rode Together*), ou qui est au-dessus ou à côté (*Cheyenne Autumn*).

On a ainsi un parcours très surprenant : la pureté naïve du jeune Smith créé par Capra, qui luttait pour le bien public, ensuite le chacun pour soi, l'absence de toute solidarité manifestée à travers la violence (chez Mann) ou la passivité de l'adulte (chez Hitchcock), enfin, vers les cinquante ans, le cynisme et la vénalité (chez Ford), on a là une progression négative qui contraste en tous points avec la carrière des trois autres grands. En vieillissant, leurs personnages ne changeaient guère de caractère. Tout au plus passent-ils du statut de l'amant à celui du père. Ici, c'est Monsieur Smith, qui devient, à travers les films de Ford, le sosie de son plus dur adversaire, le sénateur incarné par Claude Rains dans le film de Capra. L'homme américain moyen commence par être roulé. En vieillissant, il essaie de se tenir à l'écart, puis il finit par rouler les autres. Est-ce là une évolution seulement justifiée par le désir abstrait de renouveler son personnage, d'une façon ou d'une autre ? Ou est-ce le constat le plus méchant que l'on puisse établir sur l'homme en général, et l'*american way of life* ?

Ce contre-emploi total sera copié par l'ami Fonda, quelques années plus tard, dans les westerns qu'il tourne à partir de 1969 pour Leone ou Mankiewicz, *C'era una volta nel West* ou *There Was a Crooked Man*. D'une façon encore plus agressive. Car Fonda, c'est le symbole de l'Amérique, Abraham Lincoln ou le juré parfait, la bonne conscience de la gauche, la clarté du regard de l'honnête homme.

Dans *The Man Who Shot Liberty Valance* (*L'Homme qui tua Liberty Valance*), Stewart n'est ni cynique, ni vénal. Mais, sans l'avoir voulu, il vole à John Wayne – volé consentant et maso – le grand titre de gloire d'être l'homme qui a tué ce redoutable bandit, avec comme conséquence immédiate une brillante carrière politique et l'amour d'une femme convoitée par Wayne. On en arrive donc au deuxième et ultime pivot de cette étude, après la rencontre Stewart-Grant dans *The Philadelphia Story*, la confrontation Stewart-Wayne, riche de sens multiples. C'est l'homme qui a fait des études, l'avocat bien habillé (Stewart), qui spolie le parfait homme de l'Ouest (Wayne) et prend définitivement le relais : mort d'une certaine Amérique, du western, de tous les vieux mythes, et bientôt du règne des acteurs, du cinéma américain, et de lui-même, qu'évoque ou préfigure John Ford, âgé alors de soixante-six ans. Une époque glorieuse est passée. L'amertume fordienne est flagrante à travers la morale de l'histoire : pour devenir un grand homme, rien ne sert de défendre les grands principes de la constitution, comme le fait Ransom Stoddard-James Stewart, il faut surtout tuer quelqu'un...

A travers ce Ransom Stoddard, on peut voir la dualité souhaitée par bon nombre d'Américains chez leurs présidents, d'Eisenhower à Bush en passant par Reagan : un businessman moderne doublé d'un chef de guerre, voire d'un exécuteur.

Plus que dans les autres films de Stewart, pointe l'ironie à l'égard de l'intellectuel qui ne participe pas au combat, ou y est vaincu : Wayne se moque constamment de Stewart en l'appelant « *pèlerin* ».

L'opposition entre les deux acteurs fait que, plus que jamais, le thème du double, déjà si présent chez Mann, commande le film. Si un jour d'un siècle futur se retrouvait à la ferraille une copie de *Liberty Valance* sans générique, on pourrait presque penser – la présence de fervents hitchcockiens comme Stewart et Vera Miles venant en renfort – qu'il s'agit du seul western du grand Alfred, maître du thème du double depuis *Rebecca* (1939) et même *The Lodger* (1926). Ce serait aller un peu vite, car c'est là une figure chère à la littérature anglo-saxonne (*Dr. Jekyll* par exemple) et qui influença tout le monde, à commencer par Hitchcock, lequel ne précéda que de fort peu John Ford, et le double rôle d'Edward G. Robinson dans *The Whole Town's Talking About* (1934). Le plus curieux demeure que

Stewart n'intervient comme double (si l'on excepte *Rope*) que dans des films non réalisés par Hitchcock.

Mais il est fort possible que la composition hitchcockienne ait eu quelque influence ici : au tout début, Stewart, âgé, apparaît en costume noir, avec un grand chapeau blanc. Tout comme Wayne dans le très long retour en arrière qui constitue l'essentiel du film, et durant lequel Stewart est généralement nu-tête et en complet veston un peu ridicule (ou alors en tenue de laveur de vaisselle non moins comique lorsqu'elle est portée par ce quinquagénaire d'un mètre quatre-vingt-dix). Il y a un relais dans l'apparence des deux hommes en fonction de l'écoulement du temps. Quand il décide d'entrer à la réunion électorale, Stewart se met soudain à marcher à grandes enjambées comme le ferait Wayne, alors que cet acteur de mains ne travaille presque jamais sur sa démarche. Ressemblances qui sont accusées par les dissemblances évidentes au départ : dans ce film, John Wayne est généralement droit, comme Cooper, lorsqu'il parle aux autres (presque toujours plus petits que lui), tandis que Stewart se courbe fréquemment pour bavarder avec les partenaires, afin de se mettre à leur portée, tout comme Grant (mais Grant, c'est pour des effets comiques, comme avec les deux petites vieilles d'*Arsenic*). Le mythe droit contre l'homme courbé.

Wayne et Stewart ont le même âge à la ville. Mais Wayne sera perclus de rides, alors que Stewart – dans leurs scènes communes – n'en aura pas une seule. C'est d'ailleurs sa règle pour tous ses films jusqu'à l'âge de soixante ans environ. A cinquante-trois ans, dans *Liberty Valance*, il joue le jeune avocat, qui va rencontrer l'amour sans doute pour la première fois, et qui doit donc avoir, au plus, trente ans. Le même problème qu'au début de *Wonderful Life* : à trente-neuf ans, il incarnait un jouvenceau... avec la protection des plans très larges. En fait, dans le film de Ford, au cours du flash-back, Stewart ne semble pas avoir trente ans, et encore moins cinquante-trois. Il a un visage lisse hors âge qui pourrait aussi bien représenter la cinquantaine que la trentaine. Je ne sais pas s'il y a eu un lifting ou non, mais cela donne à J.S. un côté lunaire, hors du coup, qui convient très bien au personnage. Wayne parle peu, Stewart parle beaucoup, comme dans tous ses films (« *Je parle trop* », disait-il à sa copine dans *Wonderful Life*. Et un passant de lui crier : « *Oui, embrasse-la* »). Wayne se saoule à mort (comme Ford), Wayne fume comme un sapeur – de même que dans la vie – hélas pour lui. Stewart ne fume jamais, sauf à la toute dernière scène où il prend le relais de Wayne. Wayne est sale alors que J.S. s'efforce toujours d'être très propre.

On voit souvent Stewart en pleine lumière, tandis que Wayne est la plupart du temps dans l'ombre. La première fois qu'on l'aperçoit, il n'est pas dans l'ombre, mais on le voit passer très brièvement sur son cheval. Plus qu'un acteur, c'est une silhouette mythique. Ce n'est qu'au quatrième plan avec lui qu'on le verra de près. Ce bénéfice du noir, accentué à l'aide du large chapeau plus ou moins incliné, sera presque toujours refusé à Stewart. L'ombre, nous l'avons vu, représente la marque la plus évidente du mythe. On peut difficilement incarner l'Américain moyen, ou la nouvelle génération montante des cols blancs, comme Stewart ici, et devenir un mythe. Pour que Stewart soit vraiment mythifié, il faudrait que sa fonction soit vraiment reconnue comme telle par tout le monde – l'homme de l'Ouest pour Cooper ou Wayne, voire le grand séducteur pour Grant. Il n'en est rien. Tout au plus peut-on voir là une image de marque, et une image de marque très changeante, on s'en sera rendu compte, au lieu du mythe incarné par les autres grands.

Stewart n'a jamais le visage dans l'ombre, sauf quand il s'avance dans l'obscurité pour essayer de tuer Liberty Valance, le seul moment où il se rapproche du mythe Wayne. On peut lui comparer le plan de *Rear Window* où, ayant peur d'être aperçu par le meurtrier, il fait brusquement reculer sa chaise roulante pour rentrer dans l'obscurité. Il serait certes exagéré de donner une valeur mythique à toute part d'ombre, à toute rentrée d'acteur dans la partie obscure du champ. Mais là, le noir a aussi une valeur plus élevée : Stewart veut voir sans être vu, il veut devenir l'observateur transparent et tout puissant (ce en quoi il échouera, comme le prouve la défenestration finale), il veut être Dieu, bref rejoindre le plus grand des mythes. Stewart, c'est l'homme ordinaire qui tente de rejoindre le mythe, mais n'y parviendra jamais.

Le festival du jeu de mains : *Rear Window* (1954).

Première manière : Stewart en jeune gandin standard.
(*The Shop Around the Corner*, 1939).

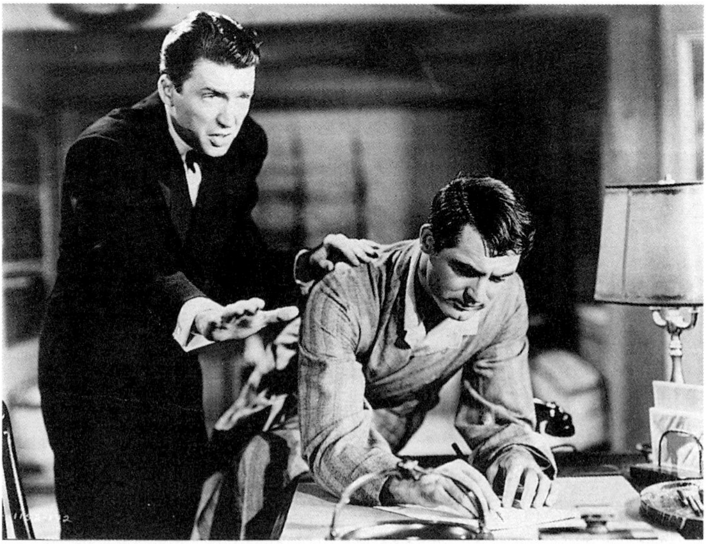

La première grande rencontre : *The Philadelphia Story* (1940).

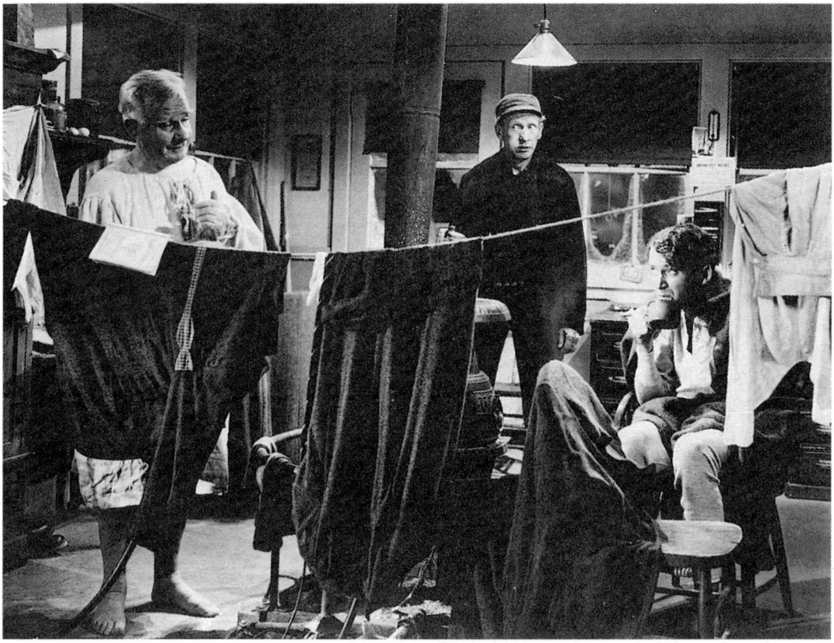

Un homme comme tout le monde en butte aux problèmes les plus quotidiens.
(*It's A Wonderful Life*, 1946).

La gageure du masque ou le défi suprême de la Star : jouer sans qu'on voit votre visage.
(*The Greatest Show on Earth*, 1950).

Etonnante rectitude de ce long corps qui s'achève en haut et en bas par des obliques opposées inattendues.
(*Bend of the River*, 1951).

Pas un film sans un handicap physique...
(*The Man from Laramie*, 1954).

Avocat : le métier idéal pour l'homme de mains...
(*Anatomy of a murder,* 1959).

A 57 ans, Stewart accepte enfin de vieillir.
(*Dear Brigitte*, 1965).

FILMOGRAPHIES*

GARY COOPER

Né le 7 mai 1901 dans le Montana. D'abord cascadeur. Films produits par Paramount, sauf exceptions signalées.

1926. *The Winning of Barbara Worth* (*Barbara fille du désert*), western de Henry King avec Ronald Colman. United Artists.
1927. *It* (*Le Coup de foudre*), comédie de Clarence Badger avec Clara Bow.
Children of Divorce (*Les Enfants du divorce*), mélo de Frank Lloyd (et J. von Sternberg) avec Clara Bow.
ARIZONA BOUND (*LE DÉMON DE L'ARIZONA*), western de John Waters avec Betty Jewel.
Wings (*Les Ailes*), film de guerre de William Wellman avec Clara Bow.
NEVADA, western de John Waters avec Thelma Todd.
THE LAST OUTLAW (*AU SERVICE DE LA LOI*), western d'Arthur Rosson avec Betty Jewel.
1928. *BEAU SABREUR* (*LE SPAHI*), film d'aventures de John Waters avec Evelyn Brent.
THE LEGION OF THE CONDEMNED (*LES PILOTES DE LA MORT*), film d'aventures de William Wellman avec Fay Wray.
DOOMSDAY (*RIEN QUE L'AMOUR*), mélo de Rowland V. Lee avec Florence Vidor.
HALF A BRIDE (*MARIAGE A L'ESSAI*), de Gregory La Cava avec Esther Ralston. Comédie.
LILAC TIME (*CIEL DE GLOIRE*), film d'aviation de George Fitzmaurice avec Colleen Moore. Warner. Film sonore.
THE FIRST KISS (*LE BATEAU DE MES REVES*), comédie dramatique de Rowland V. Lee avec Fay Wray.
THE SHOPWORN ANGEL (*LE RÊVE IMMOLÉ*), mélo de Richard Wallace avec Madeleine Carroll. Film sonore.
1929. *WOLF SONG* (*LE CHANT DU LOUP*), fim d'aventures de Victor Fleming avec Lupe Velez. Film sonore.
BETRAYAL (*MENSONGES*), mélo de Lewis Milestone avec Emil Jannings.

Ensuite, films parlants :
THE VIRGINIAN (*LE VIRGINIEN*), western de Victor Fleming avec Mary Brian.
SEVEN DAYS LEAVE (*LA VIEILLE NOURRICE*), mélo de Richard Wallace avec Beryl Mercer.

* Les dates sont celles de tournage, dans la mesure où elles sont connues, les titres sont en minuscules lorsqu'il s'agit de petits rôles ou de films courts.

1930. *ONLY THE BRAVE,* film de guerre de Frank Tuttle, avec Mary Brian.
Paramount On Parade
THE TEXAN, western de John Cromwell avec Fay Wray.
A MAN FROM WYOMING, film de guerre de Rowland V. Lee avec June Collyer.
THE SPOILERS (*LES ÉCUMEURS*), mélo d'Edwin Carewe avec Kay Johnson.
MOROCCO (*CŒURS BRÛLÉS*), film d'aventures de Josef von Sternberg avec Marlene Dietrich.
1931. *FIGHTING CARAVANS* (*LA GRANDE CARAVANE*), film d'aventures d'Otto Brower avec Lili Damita.
CITY STREETS (*LES CARREFOURS DE LA VILLE*), film policier de Rouben Mamoulian avec Sylvia Sidney.
I TAKE THIS WOMAN, comédie de Marion Gering avec Carole Lombard.
HIS WOMAN, comédie d'Edward Sloman avec Claudette Colbert.
1932. *Make Me a Star*, comédie de William Beaudine.
DEVIL AND THE DEEP (*LE DÉMON DU SOUS-MARIN*), film de guerre de Marion Gering avec Tallulah Bankhead, Charles Laughton, Cary Grant.
If I Had a Million (*Si j'avais un million*), comédie : sketch de Norman Mc Leod.
A FAREWELL TO ARMS (*L'ADIEU AU DRAPEAU*), drame de Frank Borzage avec Helen Hayes.
1933. *TODAY WE LIVE* (*APRÈS NOUS LE DÉLUGE*), film de guerre d'Howard Hawks avec Joan Crawford. MGM.
ONE SUNDAY AFTERNOON, comédie de Stephen Roberts avec Fay Wray.
DESIGN FOR LIVING (*SÉRÉNADE À TROIS*), comédie d'Ernst Lubitsch avec Fredric March, Miriam Hopkins.
Alice in Wonderland (Alice au pays des merveilles), comédie de Norman Mc Leod.
OPERATOR 13 (AGENT SECRET N°13), film de guerre de Richard Boleslavsky avec Marion Davies. MGM.
1934. *NOW AND FOREVER* (*C'EST POUR TOUJOURS*), comédie de Henry Hathaway avec Carole Lombard.
1935. *THE WEDDING NIGHT* (*SOIR DE NOCES*), drame de King Vidor avec Anna Sten. Samuel Goldwyn Prods.
THE LIVES OF A BENGAL LANCER (*LES TROIS LANCIERS DU BENGALE*), film d'aventures de Henry Hathaway avec Franchot Tone, Akim Tamiroff.
PETER IBBETSON (*PETER IBBETSON*), drame de Henry Hathaway avec Ann Harding.
1936. *DESIRE* (*DÉSIR*), comédie de Frank Borzage avec Marlene Dietrich.
MR DEEDS GOES TO TOWN (*L'EXTRAVAGANT M. DEEDS*), comédie de Frank Capra avec Jean Arthur. Columbia.
Hollywood Boulevard ; comédie de Robert Florey.
THE GENERAL DIED AT DAWN (*LE GÉNÉRAL EST MORT À L'AUBE*) film d'aventures de Lewis Milestone avec Madeleine Carroll, Akim Tamiroff.
THE PLAINSMAN (*UNE AVENTURE DE BUFFALO BILL*), western de Cecil B. DeMille avec Jean Arthur.
1937. *SOULS AT SEA* (*AMES À LA MER*), film d'aventures de Henry Hathaway avec Frances Dee.
1938. *THE ADVENTURES OF MARCO POLO* (*LES AVENTURES DE MARCO POLO*), film d'aventures d'Archie Mayo. Samuel Goldwyn Prods.
BLUEBEARD'S EIGHTH WIFE (*LA HUITIEME FEMME DE BARBE BLEUE*), comédie d'Ernst Lubitsch avec Claudette Colbert.
THE COWBOY AND THE LADY (*MADAME ET SON COWBOY*), comédie d'H.C. Potter avec Merle Oberon. Samuel Goldwyn Prods.
1939. *BEAU GESTE* (*BEAU GESTE*), film d'aventures de William Wellman avec Susan Hayward.
THE REAL GLORY (*LA GLORIEUSE AVENTURE*), film d'aventures de Henry Hathaway avec Andrea Leeds. Samuel Goldwyn Prods.
1940. *THE WESTERNER* (*LE CAVALIER DU

DÉSERT), western de Willian Wyler avec Walter Brennan. Samuel Goldwyn Prods.
NORTHWEST MOUNTED POLICE (*TUNIQUES ÉCARLATES*), western de Cecil B. DeMille avec Paulette Goddard. En couleurs.
MEET JOHN DOE (*L'HOMME DE LA RUE*), drame de Frank Capra avec Barbara Stanwyck. Warner.
1941. *SERGEANT YORK* (*SERGENT YORK*), film de guerre de Howard Hawks avec Walter Brennan. Warner.
BALL OF FIRE (*BOULE DE FEU*), comédie de Howard Hawks avec Barbara Stanwyck. Samuel Goldwyn Prods.
1942. *THE PRIDE OF THE YANKEES* (*VAINQUEUR DU DESTIN*), drame de Sam Wood avec Teresa Wright. Samuel Goldwyn Prods.
FOR WHOM THE BELL TOLLS (*POUR QUI SONNE LE GLAS*), film de guerre de Sam Wood avec Ingrid Bergman. Couleurs.
1943. *THE STORY OF DR. WASSELL* (*L'ODYSSÉE DE DOCTEUR WASSELL*), film de guerre de Cecil B. DeMille avec Signe Hasso. Couleurs.
SARATOGA TRUNK (*L'INTRIGANTE DE SARATOGA*), drame de Sam Wood avec Ingrid Bergman. Warner.
1944. *CASANOVA BROWN* (*CASANOVA LE PETIT*), comédie de Sam Wood avec Teresa Wright. RKO.
1945. *ALONG CAME JONES* (*LE GRAND BILL*), western de Stuart Heisler avec Loretta Young. Prod. : Cooper-RKO.
1946. *CLOAK AND DAGGER* (*CAPE ET POIGNARD*), film d'espionnage de Fritz Lang avec Lili Palmer. Warner.
UNCONQUERED (*LES CONQUÉRANTS D'UN NOUVEAU MONDE*), western de Cecil B. DeMille avec Paulette Goddard. Couleurs.
Variety Girl (*Hollywood en folie*), comédie de George Marshall.
1948. *GOOD SAM* (*CE BON VIEUX SAM*), comédie dramatique de Leo Mc Carey avec Ann Sheridan. RKO.
THE FOUNTAINHEAD (*LE REBELLE*), drame de King Vidor avec Patricia Neal. Warner.
It's a Great Feeling (*Les Travailleurs du chapeau*), comédie dramatique de David Butler. Couleurs. Warner.
1949. *TASK FORCE* (*HORIZONS EN FLAMMES*), film d'aventures de Delmer Daves avec Jane Wyatt. Couleurs. Warner.
1950. *BRIGHT LEAF* (*LE ROI DU TABAC*), mélo de Michael Curtiz avec Patricia Neal. Warner.
DALLAS (*DALLAS, VILLE FRONTIÈRE*), western de Stuart Heisler avec Ruth Roman. Couleurs. Warner.
YOU'RE IN THE NAVY NOW (*LA MARINE EST DANS LE LAC*), comédie de Henry Hathaway avec Jane Greer. Fox.
1951. *Starlift* de Roy Del Ruth. Warner. Comédie musicale.
It's a Big Country de Clarence Brown. MGM.
DISTANT DRUMS (*LES AVENTURES DU CAPITAINE WYATT*), film d'aventures en couleurs de Raoul Walsh avec Mari Aldon. Warner.
HIGH NOON (*LE TRAIN SIFFLERA TROIS FOIS*), western de Fred Zinnemann avec Grace Kelly. United Artists.
SPRINGFIELD RIFLE (*LA MISSION DU COMMANDANT LEX*), western d'André de Toth avec Phyllis Thaxter. Couleurs. Warner.
1952. *RETURN TO PARADISE* (*RETOUR AU PARADIS*), film d'aventures de Mark Robson avec Roberta Haynes. Couleurs. United Artists.
1953. *BLOWING WILD* (*LE SOUFFLE SAUVAGE*), film d'aventures de Hugo Fregonese avec Barbara Stanwyck. Couleurs. Warner.
1954. *GARDEN OF EVIL* (*LE JARDIN DU DIABLE*), film d'aventures de Henry Hathaway avec Susan Hayward. Couleurs. Fox.
VERA CRUZ (*VERA CRUZ*), film d'aventures de Robert Aldrich avec Burt Lancaster. Couleurs. United Artists.
1955. *THE COURT MARTIAL OF BILLY MITCHELL* (*CONDAMNÉ AU SILENCE*) drame d'Otto Preminger. Couleurs. Warner.
THE FRIENDLY PERSUASION (*LA LOI DU SEIGNEUR*), drame de William Wyler avec Dorothy McGuire. Couleurs. Allied Artists.
1956. *LOVE IN THE AFTERNOON* (*ARIANE*),

comédie de Billy Wilder avec Audrey Hepburn. Allied Artists.
1958. *TEN NORTH FREDERICK* (*10, RUE FREDERICK*), drame de Philip Dunne avec Diane Varsi. Fox.
MAN OF THE WEST (*L'HOMME DE L'OUEST*), western d'Anthony Mann avec Julie London. Couleurs. United Artists.
THE HANGING TREE (*LA COLLINE DES POTENCES*), western de Delmer Daves avec Maria Schell. Couleurs. Prod. Cooper - WB.
ALIAS JESSE JAMES (*NE TIREZ PAS SUR LE BANDIT*), comédie de Norman McLeod avec Bob Hope. United Artists. Couleurs.
THEY CAME TO CORDURA (*CEUX DE CORDURA*), film d'aventures de Robert Rossen avec Rita Hayworth. Couleurs. Prod. : Cooper-Columbia.
1959. *THE WRECK OF THE MARY DEARE* (*CARGAISON DANGEREUSE*), film d'aventures de Michael Anderson avec Charlton Heston. Couleurs. Prod. : Cooper-MGM.
1960. *THE NAKED EDGE* (*LA LAME NUE*), policier de Michael Anderson avec Deborah Kerr. Prod. Cooper-United Artist.

Mort le 13 mai 1961.

JOHN WAYNE

Né le 26 mai 1907 dans l'Iowa. Accessoiriste, figurant pour John Ford notamment. Ses films sont des westerns et des productions Republic, sauf exceptions signalées.

1930. *THE BIG TRAIL* (*LA PISTE DES GÉANTS*), de Raoul Walsh avec Margaret Churchill. Fox.
1930-38. Soixante films (séries Z et petits rôles) pour Universal, Columbia, Warner, Monogram et surtout Republic, dont deux tournés par William Wellman (*Central Airport* et *College Coach*).
1938. *STAGECOACH* (*LA CHEVAUCHÉE FANTASTIQUE*) de John Ford avec Claire Trevor. United Artists.
1939. Quatre séries Z tournées par Vincent Sherman.
ALLEGHENY UPRISING de William A. Seiter avec Claire Trevor. RKO.
1940. *THE DARK COMMAND* (*L'ESCADRON NOIR*), film d'aventures de Raoul Walsh avec Claire Trevor.
THREE FACES WEST (*LES DÉRACINÉS*), drame de Bernard Vorhaus avec Charles Coburn.
THE LONG VOYAGE HOME (*LES HOMMES DE LA MER*), film d'aventures de John Ford avec Thomas Mitchell. United Artists.
SEVEN SINNERS (*LA MAISON DE SEPT PÉCHÉS*), comédie d'aventures de Tay Garnett avec Marlene Dietrich. Universal.
THE SHEPHERD OF THE HILLS, drame de Henry Hathaway avec Betty Field. Paramount. Couleurs.
1941. *A MAN BETRAYED*, comédie de John C. Auer avec Frances Dee.
LADY FROM LOUISIANA (*LA FILLE DU PÉCHÉ*), drame de Bernard Vorhaus avec Una Munson.
REAP THE WILD WIND (*LES NAUFRAGEURS DES MERS DU SUD*), film d'aventures de Cecil B. DeMille avec Ray Milland, Susan Hayward. Paramount. Couleurs.
LADY FOR A NIGHT, comédie de Leigh Jason avec Joan Blondell.

1942. *THE SPOILERS* (*LES ÉCUMEURS*), film d'aventures de Ray Enright avec Marlene Dietrich, Randolph Scott. Universal.
IN OLD CALIFORNIA (*SACRAMENTO*), de William McGann avec Binnie Barnes.
FLYING TIGERS (*LES TIGRES VOLANTS*), film d'aviation de David Miller avec Anna Lee.
REUNION IN FRANCE, film de guerre de Jules Dassin avec Joan Crawford. MGM.
PITTSBURGH (*PITTSBURGH*), drame de Lewis B. Seiler avec Marlene Dietrich. Universal.
1943. *A LADY TAKES A CHANCE* (*LA FILLE ET SON COW-BOY*), comédie de William A. Seiter avec Jean Arthur. RKO.
IN OLD OKLAHOMA (*LA RUÉE SANGLANTE*), d'Albert Rogell avec Martha Scott.
THE FIGHTING SEABEES (*ALERTE AUX MARINES*), film de guerre d'Edward Ludwig avec Susan Hayward.
1944. *TALL IN THE SADDLE* (*L'AMAZONE AUX YEUX VERTS*), d'Edwin L. Marin avec Ella Raines. RKO.
FLAME OF THE BARBARY COAST (*LA BELLE DE SAN FRANCISCO*), drame de Joseph Kane avec Ann Dvorak.
1945. *BACK TO BATAAN* (*RETOUR AUX PHILIPPINES*), film de guerre d'Edward Dmytryk avec Anthony Quinn. RKO.
THEY WERE EXPENDABLE (*LES SACRIFIÉS*), film de guerre de John Ford avec Robert Montgomery, Donna Reed. MGM.
DAKOTA (*LA FEMME DU PIONNIER*) de Joseph Kane avec Vera Ralston.
1946. *WITHOUT RESERVATIONS*, comédie de Mervyn Le Roy avec Claudette Colbert. RKO.
ANGEL AND THE BAD MAN (*L'ANGE ET LE MAUVAIS GARÇON*), de James Edward Grant avec Gail Russell.
RED RIVER (*LA RIVIÈRE ROUGE*), de Howard Hawks avec Montgomery Clift, Joanne Dru. United Artists.
1947. *TYCOON* (*TAIKOUN*), film d'aventures de Richard Wallace avec Laraine Day. RKO. Couleurs.
FORT APACHE (*LE MASSACRE DE FORT APACHE*) de John Ford avec Henry Fonda. RKO.
1948. *THREE GODFATHERS* (*LE FILS DU DÉSERT*), de John Ford avec Pedro Armendariz. MGM. Couleurs.
WAKE OF THE RED WITCH (*LE RÉVEIL DE LA SORCIERE ROUGE*), film d'aventures d'Edward Ludwig avec Gail Russell.
SHE WORE A YELLOW RIBBON (*LA CHARGE HÉROIQUE*) de John Ford avec Joanne Dru. RKO. Couleurs.
1949. *THE FIGHTING KENTUCKIAN* (*LE BAGARREUR DU KENTUCKY*) de George Waggner avec Vera Ralston.
SANDS OF IWO JIMA (*IWO JIMA*), film de guerre d'Allan Dwan avec John Agar.
1950. *JET PILOT* (*LES ESPIONS S'AMUSENT*), comédie de Josef von Sternberg avec Janet Leigh. RKO. Couleurs.
RIO GRANDE (*RIO GRANDE*), western de John Ford avec Maureen O'Hara.
OPERATION PACIFIC (*OPÉRATION DANS LE PACIFIQUE*), film d'aventures de George Waggner avec Patricia Neal. WB.
1951. *FLYING LEATHERNECKS* (*LES DIABLES DE GUADALCANAL*), film d'aviation de Nicholas Ray avec Robert Ryan. RKO. Couleurs.
THE QUIET MAN (*L'HOMME TRANQUILLE*), comédie dramatique de John Ford avec Maureen O'Hara. Couleurs.
1952. *BIG JIM MAC LAIN*, film d'espionnage d'Edward Ludwig avec Nancy Olson. Prod. : Wayne-WB.
TROUBLE ALONG THE WAY, drame de Michael Curtiz avec Donna Reed. WB.
1953. *ISLAND IN THE SKY* (*AVENTURE DANS LE GRAND NORD*), film d'aventures de William Wellman avec Lloyd Nolan. Prod. : Wayne-WB.

Les films suivants sont en couleurs, sauf exception.
HONDO (*HONDO, L'HOMME DU DÉSERT*) de John Farrow avec Geraldine Page. Prod. : Wayne-WB. Relief.

1954. *THE HIGH AND THE MIGHTY* (*ÉCRIT DANS LE CIEL*), drame de William Wellman avec Claire Trevor. Prod. : Wayne-WB.
THE CONQUEROR (*LE CONQUÉRANT*), film d'aventures avec Susan Hayward réalisé par Dick Powell. RKO.
THE SEA CHASE (*LE RENARD DES OCÉANS*), film de guerre de John Farrow avec Lana Turner. WB.
1955. *BLOOD ALLEY* (*L'ALLÉE SANGLANTE*), film d'aventures de William Wellman avec Lauren Bacall. Prod. : Wayne-WB.
Rookie of the year (29'), comédie dramatique de John Ford avec Vera Miles. Telefilm. Noir et blanc.
THE SEARCHERS (*LA PRISONNIÈRE DU DÉSERT*) de John Ford avec Jeffrey Hunter. WB.
1956. *THE WINGS OF EAGLES* (*L'AIGLE VOLE AU SOLEIL*), drame de John Ford avec Maureen O'Hara. MGM.
1957 *LEGEND OF THE LOST* (*LA CITÉ DISPARUE*), film d'aventures de Henry Hathaway avec Sophia Loren. Prod. : Wayne-United Artists.
1958. *THE BARBARIAN AND THE GEISHA* (*LE BARBARE ET LA GEISHA*), film d'aventures de John Huston avec Eiko Ando. Fox.
RIO BRAVO (*RIO BRAVO*) de Howard Hawks avec Dean Martin, Angie Dickinson. WB.
1959. *THE HORSE SOLDIERS* (*LES CAVALIERS*), film de guerre de John Ford avec William Holden. United Artists.
THE ALAMO (*ALAMO*) de John Wayne avec Richard Widmark. Prod. : Wayne-United Artists.
1960. *NORTH TO ALASKA* (*LE GRAND SAM*), film d'aventures de Henry Hathaway avec Capucine, Stewart Granger. Fox.
HATARI ! (*HATARI !*), film d'aventures de Howard Hawks avec Elsa Martinelli. Paramount.
THE COMANCHEROS (*LES COMANCHEROS*) de Michael Curtiz avec Stuart Whitman. Fox.
1961. *THE MAN WHO SHOT LIBERTY VALANCE* (*L'HOMME QUI TUA LIBERTY VALANCE*) de John Ford avec James Stewart. Paramount. Noir et blanc.
1962. *How The West Was Won* (*La Conquête de l'Ouest*), sketch de John Ford avec George Peppard. MGM.
The Longest Day (*Le Jour le plus long*), film de guerre de Gerd Oswald. Fox. Noir et blanc.
Flashing Spikes, comédie dramatique de John Ford avec James Stewart. Telefilm. Noir et blanc. (53').
DONOVAN'S REEF (*LA TAVERNE DE L'IRLANDAIS*), comédie exotique de John Ford avec Lee Marvin. Paramount.
1963. *MAC LINTOCK !* (*LE GRAND MAC LINTOCK*) d'Andrew McLaglen avec Maureen O'Hara. Prod. : Wayne-United Artists.
The Greatest Story Ever Told (*La Plus Grande Histoire jamais contée*), film biblique de George Stevens. United Artists.
1964. *CIRCUS WORLD* (*LE PLUS GRAND CIRQUE DU MONDE*), drame de Henry Hathaway avec Claudia Cardinale. United Artists.
IN HARM'S WAY (*LA PREMIÈRE VICTOIRE*), film de guerre d'Otto Preminger avec Kirk Douglas, Patricia Neal. Paramount. Noir et blanc.
1965. *THE SONS OF KATIE ELDER* (*LES QUATRE FILS DE KATIE ELDER*), de Henry Hathaway avec Dean Martin. Paramount.
CAST A GIANT SHADOW (*L'OMBRE D'UN GÉANT*), drame de Melville Shavelson avec Yul Brynner. Prod. : Wayne-United Artists.
1966. *THE WAR WAGON* (*LA CARAVANE DE FEU*) de Burt Kennedy avec Kirk Douglas. Prod. : Wayne-Universal.
EL DORADO (*EL DORADO*) de Howard Hawks avec Robert Mitchum. Paramount.
1967. *THE GREEN BERETS* (*LES BÉRETS VERTS*), film de guerre de John Wayne avec David Janssen. Prod. : Wayne-WB.
1968 *HELLFIGHTERS* (*LES FEUX DE L'ENFER*), film d'aventures de Andrew McLaglen avec Vera Miles. Universal.
TRUE GRIT (*100 DOLLARS POUR UN SHÉRIF*) de Henry Hathaway. Paramount.

1969. *THE UNDEFEATED* (*LES GÉANTS DE L'OUEST*), film d'aventures d'Andrew McLaglen avec Rock Hudson. Fox.
CHISUM (*CHISUM*) d'Andrew McLaglen. Prod. : Wayne-WB.
1970. *RIO LOBO* (*RIO LOBO*) de Howard Hawks avec Jennifer O'Neill. Prod. : Cinéma Center.
BIG JAKE (*BIG JACK*) de George Sherman avec Maureen O'Hara. Prod. : Wayne-Cinema Center.
1971. *THE COW-BOYS* (*JOHN WAYNE ET LES COW-BOYS*) de Mark Rydell. WB.
Cancel my Reservation de Paul Bogart. WB.
1972. *THE TRAIN ROBBERS* (*LES VOLEURS DE TRAINS*) de Burt Kennedy avec Ann Margret. Prod. Wayne-WB.
CAHILL : U.S. *MARSHALL* (*LES CORDES DE LA POTENCE*) de Andrew McLaglen avec Marie Windsor. Prod. : Wayne-WB.
1973. *MC Q* (*UN SILENCIEUX AU BOUT DU CANON*), policier de John Sturges avec Eddie Albert. Prod. : Wayne-WB.
1974. *BRANNIGAN* (*BRANNIGAN*), policier de Douglas Hickox avec Mel Ferrer. United Artists.
1975. *ROOSTER COGBURN* (*UNE BIBLE ET UN FUSIL*) de Stuart Millar avec Katharine Hepburn. Universal.
1976. *THE SHOOTIST* (*LE DERNIER DES GÉANTS*) de Don Siegel avec Lauren Bacall, James Stewart. Paramount.

Mort le 11 juin 1979.

CARY GRANT

Né le 18 janvier 1904 à Bristol (GB). Acteur de variétés et de théâtre.

1932. *This is the Night* (*La Belle Nuit*), comédie de Frank Tuttle avec Lili Damita.
Sinners In The Sun, mélo d'Alexander Hall avec Carole Lombard.
Merrily We Go To Hell, mélo de Dorothy Arzner avec Sylvia Sidney.
Devil And The Deep (*Le Démon du sous-marin*), film de guerre de Marion Gering avec Tallulah Bankhead, Gary Cooper.
Blonde Venus (*Blonde Vénus*), comédie dramatique de Josef von Sternberg avec Marlene Dietrich, Herbert Marshall.
HOT SATURDAY, comédie dramatique de William A. Seiter avec Nancy Carroll.
MADAME BUTTERFLY (*MADAME BUTTERFLY*), mélo de Marion Gering avec Sylvia Sidney.
SHE DONE HIM WRONG (*LADY LOU*), comédie policière de Lowell Shernan avec Mae West.
1933. *THE WOMAN ACCUSED* (*CELLE QUE L'ON ACCUSE*), mélo de de Paul Sloane avec Nancy Carroll.
THE EAGLE AND THE HAWK (*L'AIGLE ET LE VAUTOUR*), film de guerre de Stuart Walker avec Fredric March, Carole Lombard.
GAMBLING SHIP, drame de Louis Gasnier avec Benita Hume.
I'AM NO ANGEL (*JE NE SUIS PAS UN ANGE*), comédie dramatique de Wesley Ruggles avec Mae West.
Alice in Wonderland (*Alice au Pays des Merveilles*), comédie de Norman Z. McLeod avec Gary Cooper, WC Fields, etc.
1934. *THIRTY-DAY PRINCESS* (PRINCESSE PAR INTÉRIM), comédie de Marion Gering avec Sylvia Sidney.
BORN TO BE BAD, comédie dramatique de Lowell Sherman avec Loretta Young. Fox.

KISS AND MAKE UP, comédie de Harlan Thompson avec Helen Mack.
LADIES SHOULD LISTEN, comédie de Frank Tuttle avec Frances Drake.
ENTER MADAME (*CAPRICE DE FEMME*), mélo d'Elliot Nugent avec Elissa Landi.
1935. *WINGS IN THE DARK*, film d'aviation de James Flood avec Myrna Loy.
THE LAST OUTPOST (*INTELLIGENCE SERVICE*), film d'aventures de Charles Barton et Louis Gasnier avec Claude Rains.
SYLVIA SCARLETT (*SYLVIA SCARLETT*), comédie de George Cukor avec Katharine Hepburn. RKO.
1936. *BIG BROWN EYES* (*EMPREINTES DIGITALES*), policier de Raoul Walsh avec Joan Bennett, Walter Pidgeon.
SUZY (*UNE BELLE BLONDE*), film d'aviation de George Fitzmaurice avec Jean Harlow, Franchot Tone. MGM.
WEDDING PRESENT, comédie de Richard Wallace avec Joan Bennett.
THE AMAZING QUEST OF ERNEST BLISS (*LA CHASSE AUX MILLIONS*), comédie dramatique d'Alfred Zeisler avec Mary Brian. Film anglais.
1937. *WHEN YOU'RE IN LOVE* (*LE CŒUR EN FETE*), comédie musicale de Robert Riskin avec Grace Moore. Columbia.
THE TOAST OF NEW-YORK (*L'OR ET LA FEMME*), drame en costumes de Rowland V. Lee avec Edward Arnold, Frances Farmer. RKO.
TOPPER (*LE COUPLE INVISIBLE*) de Norman Z. McLeod avec Constance Bennett MGM.
THE AWFUL TRUTH (*CETTE SACRÉE VÉRITÉ*), comédie de Leo McCarey avec Irene Dunne. Columbia.
1938. *BRINGING UP BABY* (*L'IMPOSSIBLE MONSIEUR BEBE*) comédie de Howard Hawks avec Katharine Hepburn. RKO.
HOLIDAY (*VACANCES*), comédie de George Cukor avec Katharine Hepburn. Columbia.
GUNGA DIN (*GUNGA DIN*), film d'aventures de George Stevens avec Victor McLaglen, Joan Fontaine. RKO.
1939. *ONLY ANGELS HAVE WINGS* (*SEULS LES ANGES ONT DES AILES*), film d'aviation de Howard Hawks avec Jean Arthur. Columbia.
IN NAME ONLY (*L'AUTRE*), mélo de John Cromwell avec Carole Lombard. RKO.
HIS GIRL FRIDAY (*LA DAME DU VENDREDI*), comédie de Howard Hawks avec Rosalind Russell. Columbia.
1940. *MY FAVORITE WIFE* (*MON ÉPOUSE FAVORITE*), comédie de Garson Kanin avec Irene Dunne, Randolph Scott. RKO.
THE HOWARDS OF VIRGINIA (*L'ARBRE DE LA LIBERTÉ*), drame en costumes de Frank Lloyd avec Martha Scott. Columbia.
THE PHILADELPHIA STORY (*INDISCRÉTIONS*), comédie de George Cukor avec Katharine Hepburn, James Stewart. MGM.
PENNY SERENADE (*LA CHANSON DU PASSÉ*), mélo de George Stevens avec Irene Dunne. Columbia.
1941. *SUSPICION* (*SOUPÇONS*), policier d'Alfred Hitchcock avec Joan Fontaine. RKO.
ARSENIC AND OLD LACE (*ARSENIC ET VIEILLES DENTELLES*), comédie de Frank Capra avec Priscilla Lane. WB.
1942. *THE TALK OF THE TOWN* (*LA JUSTICE DES HOMMES*), comédie dramatique de George Stevens avec Jean Arthur, Ronald Colman. Columbia.
ONCE UPON A HONEYMOON (*LUNE DE MIEL MOUVEMENTÉE*), comédie de Leo McCarey avec Ginger Rogers. RKO.
MR LUCKY (*MR LUCKY*), comédie dramatique de H.C. Potter avec Laraine Day. RKO.
1943. *DESTINATION TOKYO* (*DESTINATION TOKYO*), film de guerre de Delmer Daves avec John Garfield. WB.
ONCE UPON A TIME, comédie d'Alexander Hall avec Janet Blair. Columbia.
1944. *NONE BUT THE LONELY HEART* (*RIEN QU'UN CŒUR SOLITAIRE*), drame de Clifford Odets avec Ethel Barrymore. RKO.

1945. *NIGHT AND DAY* (*NUIT ET JOUR*), comédie dramatique de Michael Curtiz avec Alexis Smith. WB. Couleurs.
1946. *NOTORIOUS* (*LES ENCHAINÉS*), film d'espionnage d'Alfred Hitchcock avec Ingrid Bergman. RKO.
Without Reservations, comédie de Mervyn Le Roy avec John Wayne, Claudette Colbert. RKO.
THE BACHELOR AND THE BOBBY SOXER (*DEUX SŒURS VIVAIENT EN PAIX*), comédie d'Irving Reis avec Mirna Loy. RKO.
1947. *THE BISHOP'S WIFE* (*HONNI SOIT QUI MAL Y PENSE*), comédie de Henry Koster avec Loretta Young. Goldwyn-RKO.
1948. *MR. BLANDINGS BUILDS HIS DREAM HOUSE* (*UN MILLION CLÉ EN MAINS*), comédie de H.C. Potter avec Mirna Loy RKO.
EVERY GIRL SHOULD BE MARRIED (*LA COURSE AU MARI*), comédie de Don Hartman avec Betsy Drake. RKO.
1949. *I WAS A MALE WAR BRIDE* (*ALLEZ COUCHER AILLEURS*), comédie de Howard Hawks avec Ann Sheridan. Fox.
1950. *CRISIS* (*CAS DE CONSCIENCE*), drame de Richard Brooks avec Jose Ferrer. MGM.
1951. *PEOPLE WILL TALK* (*ON MURMURE DANS LA VILLE*), comédie de Joseph L. Mankiewicz avec Jeanne Crain. Fox.
ROOM FOR ONE MORE (*CETTE SACRÉE FAMILLE*), comédie de Norman Taurog avec Betsy Drake. WB.
1952. *MONKEY BUSINESS* (*CHÉRIE, JE ME SENS RAJEUNIR*), comédie de Howard Hawks avec Ginger Rogers, Marilyn Monroe. Fox.
1953 *DREAM WIFE* (*LA FEMME RÊVÉE*), comédie de Sidney Sheldon avec Deborah Kerr. MGM.

Ensuite, ne tourne plus que des films en couleurs :
1954. *TO CATCH A THIEF* (*LA MAIN AU COLLET*), comédie policière d'Alfred Hitchcock avec Grace Kelly.
1956. *THE PRIDE AND THE PASSION* (*ORGUEIL ET PASSION*), film d'aventures de Stanley Kramer avec Sophia Loren. United Artists.
1957. *AN AFFAIR TO REMEMBER* (*ELLE ET LUI*), mélo de Leo McCarey avec Deborah Kerr. Fox.
KISS THEM FOR ME (*EMBRASSE-LA POUR MOI*), comédie de Stanley Donen avec Jayne Mansfield. Fox. Prod. : Grant-Fox.
HOUSEBOAT (*LA PÉNICHE DU BONHEUR*), comédie dramatique de Melville Shavelson avec Sophia Loren.
1958. *INDISCREET* (*INDISCRET*), comédie de Stanley Donen avec Ingrid Bergman. WB Prod. : Grant-WB.
NORTH BY NORTHWEST (*LA MORT AUX TROUSSES*), comédie policière d'Alfred Hitchcock avec Eva Marie Saint, James Mason. MGM.
1959. *OPERATION PETTICOAT* (*OPÉRATION JUPONS*), film de Blake Edwards avec Tony Curtis. Prod : Grant-Universal.
1960. *THE GRASS IS GREENER* (*AILLEURS, L'HERBE EST PLUS VERTE*), comédie de Stanley Donen ave Deborah Kerr. Prod. : Grant-Universal.
1962. *THAT TOUCH OF MINK* (*UN SOUPÇON DE VISION*), comédie de Delbert Mann avec Doris Day. Prod : Grant-Universal.
1963. *CHARADE* (*CHARADE*), comédie policière de Stanley Donen avec Audrey Hepburn. Universal.
1964. *FATHER GOOSE* (*GRAND MÉCHANT LOUP APPELLE*), comédie de Ralph Nelson avec Leslie Caron. Prod : Grant-Universal.
1966. *WALK, DON'T RUN* (*RIEN NE SERT DE COURIR*), comédie de Charles Walters avec Samantha Eggar. Prod. : Grant-Columbia.

Mort le 28 novembre 1986.

JAMES STEWART

Né le 20 mai 1908 en Pennsylvanie. Acteur de théâtre.

1935. *The Murder Man*, policier de Tim Whelan avec Spencer Tracy.
Rose Marie, comédie musicale de W.S. Van Dyke avec Jeannette Mac Donald.
Next Time We Love, mélo d'Edward Griffith avec Margaret Sullavan. Universal.
1936. *Wife vs Secretary* (*Sa Femme et sa secrétaire*), comédie de Clarence Brown avec Jean Harlow, Clark Gable.
Small Town Girl (*La Petite Provinciale*), comédie de William Wellman avec Janet Gaynor, Robert Taylor.
SPEED, film d'aviation d'Edwin L. Marin.
The Gorgeous Hussy (*L'Enchanteresse*), film à costumes de Clarence Brown avec Joan Crawford, Robert Taylor.
BORN TO DANCE (*L'AMIRAL MÈNE LA DANSE*), comédie musicale de Roy Del Ruth avec Eleanor Powell.
After the Thin Man (*Nick, gentleman détective*), policier de W.S. Van Dyke avec Mira Loy, William Powell.
1937. *THE LAST GANGSTER* (*LE DERNIER GANGSTER*), policier d'Edward Ludwig avec Edward G. Robinson.
SEVENTH HEAVEN (L'HEURE SUPRÊME), mélo d'Henry King avec Simone Simon.
NAVY BLUE AND GOLD (LES CADETS DE LA MER), mélo de Sam Wood avec Loretta Young.
1938. *OF HUMAN HEARTS*, drame de Clarence Brown avec Beulah Bondi, Walter Huston.
VIVACIOUS LADY (*MARIAGE INCOGNITO*), comédie de George Stevens avec Ginger Rogers. RKO.
THE SHOPWORN ANGEL (*L'ANGE IMPUR*), mélo d'H.C. Potter avec Margaret Sullavan.
YOU CAN'T TAKE IT WITH YOU (*VOUS NE L'EMPORTEREZ PAS AVEC VOUS*), comédie de Frank Capra avec Jean Arthur. Columbia.
1939. *MADE FOR EACH OTHER* (*LE LIEN SACRE*), mélo de John Cromwell avec Carole Lombard. United Artists.
IT'S A WONDERFUL WORLD (*LE MONDE EST MERVEILLEUX*), comédie de W.S. Van Dyke avec Claudette Colbert.
ICE FOLLIES OF 1939 (*LA FÉERIE DE LA GLACE*), comédie de Reinhold Schünzel avec Joan Crawford.
MR SMITH GOES TO WASHINGTON (M. SMITH AU SÉNAT), comédie dramatique de Frank Capra avec Jean Arthur. Columbia.
DESTRY RIDES AGAIN (*FEMME OU DÉMON*), western de George Marshall avec Marlene Dietrich. Universal. En couleurs.
THE SHOP AROUND THE CORNER (*RENDEZ-VOUS*), comédie d'Ernst Lubitsch avec Margaret Sullavan.
1940. *THE MORTAL STORM*, drame de Frank Borzage avec Margaret Sullavan.
NO TIME FOR COMEDY, de William Keighley avec Rosalind Russell.
THE PHILADELPHIA STORY (*INDISCRÉTIONS*), comédie de George Cukor avec Cary Grant, Katharine Hepburn.
Ziegfeld Girl (*La Danseuse des Folies Ziegfeld*, comédie musicale de Robert Z. Leonard avec Judy Garland.
COME LIVE WITH ME (*VIENS AVEC MOI*), comédie de Clarence Brown avec Hedy Lamarr.
1941. *POT O' GOLD*, comédie de George Marshall avec Paulette Goddard. United Artists.
1946. *IT'S A WONDERFUL LIFE* (*LA VIE EST BELLE*), comédie dramatique de Frank Capra avec Donna Reed. RKO.
MAGIC TOWN, comédie de William Wellman avec Jane Wyman. United Artists.

1947. *CALL NORTHSIDE 777* (*APPELEZ NORD 777*), policier d'Henry Hathaway avec Richard Conte. Fox.
On Our Merry Way (*La folle Enquête*) de John Huston. United Artists.
1948. *ROPE* (*LA CORDE*), policier d'Alfred Hitchcock avec John Dall, Farley Granger. Warner Bros. Couleurs.
YOU GOTTA STAY HAPPY (*MONSIEUR PROPOSE, MADAME DISPOSE*) film d'aviation de H.C. Potter avec Joan Fontaine. Universal.
THE STRATTON STORY (*UN HOMME CHANGE SON DESTIN*), drame de Sam Wood avec June Allyson.
1949. *MALAYA* (*MALAYA*), film d'aventures de Richard Thorpe avec Spencer Tracy.
THE BROKEN ARROW (*LA FLÈCHE BRISÉE*), western de Delmer Daves avec Debra Paget. Universal. En couleurs.
1950. *WINCHESTER '73* (*WINCHESTER '73*), western d'Anthony Mann avec Shelley Winters. Universal.
The Greatest Show On Earth (*Sous le plus grand chapiteau du monde*), film sur le cirque de Cecil B. DeMille avec Charlton Heston. Paramount. En couleurs.
HARVEY (*HARVEY*), comédie de Henry Koster avec Josephine Hull. Universal.
THE JACKPOT (*GARE AU PERCEPTEUR*), comédie de Walter Lang avec Barbara Hale. Fox.
NO HIGHWAY IN THE SKY (*LE VOYAGE FANTASTIQUE*), film d'aviation de Henry Koster avec Marlene Dietrich. Universal.
1951. *BEND OF THE RIVER* (*LES AFFAMEURS*), western d'Anthony Mann avec Julia Adams. Universal. Couleurs.
CARBINE WILLIAMS (*L'HOMME A LA CARABINE*), drame de Richard Thorpe.
Les films suivants sont en couleurs, sauf exception.
1952. *THE NAKED SPUR* (*L'APPAT*), western d'Anthony Mann avec Janet Leigh, Robert Ryan.
THUNDER BAY (*LE PORT DES PASSIONS*), film d'aventures d'Anthony Mann avec Joanne Dru. Universal.
1953. *THE GLENN MILLER STORY* (*ROMANCE INACHEVÉE*), drame d'Anthony Mann avec June Allyson. Universal.
THE FAR COUNTRY (*JE SUIS UN AVENTURIER*), film d'aventures d'Anthony Mann avec Ruth Roman. Universal.
1954. *REAR WINDOW* (*FENÊTRE SUR COUR*), policier d'Alfred Hitchcock avec Grace Kelly. Couleurs. Paramount.
STRATEGIC AIR COMMAND (*STRATEGIC AIR COMMAND*), film d'aviation d'Anthony Mann avec June Allyson. Paramount.
THE MAN FROM LARAMIE (*L'HOMME DE LA PLAINE*), western d'Anthony Mann avec Cathy O' Donnell. Universal.
1955. *THE MAN WHO KNEW TOO MUCH* (*L'HOMME QUI EN SAVAIT TROP*), policier d'Alfred Hitchcock avec Doris Day. Paramount.
1956. *THE SPIRIT OF ST LOUIS* (*L'ODYSSÉE DE CHARLES LINDBERGH*), film d'aviation de Billy Wilder. Warner Bros.
NIGHT PASSAGE (*LE SURVIVANT DES MONTS LOINTAINS*), western de James Neilson avec Audie Murphy. Universal.
1957. *VERTIGO* (*SUEURS FROIDES*), policier d'Alfred Hitchcock avec Kim Novak. Paramount.
1958. *BELL, BOOK AND CANDLE* (*L'ADORABLE VOISINE*), comédie de Richard Quine avec Kim Novak. Columbia.
THE FBI STORY (*LA POLICE FÉDÉRALE ENQUÊTE*), policier de Mervyn Le Roy avec Vera Miles. Warner Bros.
1959. *ANATOMY OF A MURDER* (*AUTOPSIE D'UN MEURTRE*), policier d'Otto Preminger avec Lee Remick. United Artists. Noir et blanc.
THE MOUNTAIN ROAD (*COMMANDO DE DESTRUCTION*), film de guerre de Daniel Mann. United Artists. Noir et blanc.
1960. *TWO RODE TOGETHER* (*LES DEUX CAVALIERS*), western de John Ford avec Richard Widmark. Columbia.

1961. *THE MAN WHO SHOT LIBERTY VALANCE* (*L'HOMME QUI TUA LIBERTY VALANCE*), western de John Ford avec John Wayne. Noir et blanc.
1962. *MR HOBBS TAKES A VACATION* (*MR HOBBS PREND DES VACANCES)*, comédie de Henry Koster avec Maureen O' Hara. Fox.
Flashing Spikes, court métrage TV de John Ford. Noir et blanc.
How the West Was Won (*La Conquête de l'Ouest*), western d'Henry Hathaway. Sketch avec Debbie Reynolds.
1963. *TAKE HER, SHE'S MINE* (*AH, SI PAPA SAVAIT ÇA*), comédie de Henry Koster avec Sandra Dee. Fox.
Cheyenne Autumn (*Les Cheyennes*), western de John Ford avec Richard Widmark. Warner Bros.
1964. *DEAR BRIGITTE*, comédie de Henry Koster avec Sandra Dee. Fox.
SHENANDOAH (*LES PRAIRIES DE L'HONNEUR*), western d'Andrew McLaglen avec Katharine Ross. Universal.
1965. *THE FLIGHT OF THE PHOENIX* (*LE VOL DU PHOENIX*), film d'aventures de Robert Aldrich avec Hardy Kruger. Fox.
1966. *THE RACE BREED* (*RANCHO BRAVO*), western d'Andrew Mc Laglen avec Maureen O' Hara. Universal.
1967. *FIRECREEK* (*LES CINQ HORS-LA-LOI*), western de Vincent McEveety avec Henry Fonda. Warner Bros.
BANDOLERO (*BANDOLERO*), western d'Andrew Mc Laglen avec Raquel Welch. Fox.
1969. *THE CHEYENNE SOCIAL CLUB* (*ATTAQUE AU CHEYENNE CLUB*), comédie de Gene Kelly avec Henry Fonda. Prod. : NG.
1970. *FOOL'S PARADE*, policier d'Andrew Mc Laglen avec Anne Baxter. Columbia.
1976. *The Shootist* (*Le Dernier des géants*) western de Don Siegel avec John Wayne. Paramount.
1977. *Airport 77* (*Les Naufragés du 747*), film catastrophe de Jerry Jameson. Universal.
The Big Sleep (*Le Grand Sommeil*), film policier de Michael Winner avec Robert Mitchum. Prod. anglaise.
1978. *THE MAGIC OF LASSIE*, film pour enfants de Don Chaffey. Prod. Lassie.
1980. *AFURIKA MONOGATARI* (*UN CONTE D'AFRIQUE*), film japonais de Susumu Hani.
1983. *RIGHT OF WAY*, drame de George Schaefer avec Bette Davis. TV.

Tous ces films sont produits par la MGM, sauf exceptions signalées.

Stewart tourna plusieurs courts téléfilms et séries télévisuelles de 1955 à 1976, dont *The Trail to Christmas* (1957) qu'il écrivit et réalisa.

TABLE

Photogravure : Fotimprim
Flashage : Edit-press

Imprimerie Hérissey à Évreux
N° d'impression : 62570
Dépôt légal : septembre 1993